资本运作的
规则研究与实践探索

王　晨◎著

中国商务出版社

CCTP

CHINA COMMERCE AND TRADE PRESS

图书在版编目(CIP)数据

资本运作的规则研究与实践探索 / 王晨著. --北京：
中国商务出版社，2019.11

ISBN 978-7-5103-3138-1

Ⅰ. ①资… Ⅱ. ①王… Ⅲ. ①资本运作—研究 Ⅳ.
①F830.59

中国版本图书馆 CIP 数据核字(2019)第 246171 号

资本运作的规则研究与实践探索
ZIBEN YUNZUO DE GUIZE YANJIU YU SHIJIAN TANSUO
王　晨　著

出　　　版：中国商务出版社有限公司
地　　　址：北京市东城区安定门外大街东后巷 28 号　　邮　　编：100710
责任部门：职业教育事业部(010-64218072　295402859@qq.com)
责任编辑：魏　红

总 发 行：中国商务出版社发行部(010-64208388　64515150)
网　　址：http://www.cctpress.com
邮　　箱：cctp@cctpress.com

排　　版：北京亚吉飞数码科技有限公司
印　　刷：北京亚吉飞数码科技有限公司
开　　本：787 毫米×1092 毫米　1/16
印　　张：15.5　　　　　　字　　数：201 千字
版　　次：2020 年 3 月第 1 版　　印　　次：2020 年 3 月第 1 次印刷
书　　号：ISBN 978-7-5103-3138-1
定　　价：76.00 元

前　言

随着科技的迅猛发展,贸易自由化、便利化和区域经济一体化的趋势增强,使得企业间的竞争与合作格局相对过去发生了深刻变化,这其中资本的作用至关重要。通过资本这一纽带,企业在新技术、新产品、新市场、新领域等方面可以有更多作为,竞争优势和核心竞争能力也不断增强。资本运作已经成为企业实现快速增长、发展壮大的重要手段和有利途径。另外,纵观世界强国崛起历程,我们也同样感知资本市场在其中扮演的角色,以及发挥的无可比拟的关键作用。资本市场是大国竞争博弈的战略制高点。过去十多年,欧洲、日本以及很多发展中国家都深刻印证了资本市场在现代国家发展中的战略作用。

当前,中国的资本市场正处于一个划时代的变革中,进入全面的改革和提升期。随着全球经济一体化的加深和中国经济国际化的推进,我国企业在把握经济一体化机遇的同时,也经受着经济一体化动荡所带来的挑战。不少前期完成资本积累、产业运作较为成功的企业,在达到一定规模以后便遇到了新的问题:资本短缺。所以,整合内外资源,实现低成本扩张成为企业的重中之重,而资本运营是其必须的选择。资本运作虽能使企业以小博大,快速突破,获得超常规发展,但往往因企业原有的经验、知识结构缺少系统性、连贯性和专业性,因此失去许多快速发展的机会。

本书共七章。第一章为资本运作的基础理论,简要论述了资本运作的内涵和特点、资本运作的中介机构等相关内容。第二章为企业价值评估,分别从现金流量、EVA、价格比率、资产、期权定价理论等方面进行分析。第三章为企业融资,分析了企业内部融资、权益性融资和负债性融资、租赁融资和项目融资、P2P融资、供应链融资等内容。第四章为资产证券化,在简要介绍资产证券化基本概念的基础上,对资产证券化的基本过程、参与主体、证券化资产的管理以及风险和对策进行了介绍。第五章为企业并购,介绍了企业并购概述、上市公司并购、杠杆收购和管理层收购、并购的主要风险和应对措施以及企业并购相关问题的实证分析等内容。第六章为企业破产重整,阐述了企业破产制度的基本内容、企业破产重整的程序和方法。第七章为企业上市,介绍了企业上市的原则和步骤、买/借"壳"上市、分拆上市、整体上市等内容。

本书作者根据多年的理论教学与实践研究,系统介绍资本运作规则和实践,有效解决了企业资本运作过程中的困惑,具有较强的学术价值及实用性。具体来说,本书具有以下特点。

第一,体系完整,脉络清晰。本书以资本运作规则为主线,共分七章内容系统地介绍了资本运作的内涵、基础理论以及相关知识体系。全书脉络清晰,易于大家分门别类地学习与掌握纷繁复杂的资本运作常识。

第二,理论与实践相结合。本书总结资本运作各方面的理论知识并对资产证券化管理中的风险及其应对措施进行阐述,使理论与实践的结合更加紧密,更易于理解和掌握。尤其是第五章第五节,融入了作者关于企业并购相关问题的实证论文研究成果,使本书更具有实践性和实证性。

本书在撰写的过程中参考和借鉴了很多专家、学者的研究成果,在这里向他们表示诚挚的感谢。由于本人水平和时间所限,本书难免出现疏漏与不足之处,希望能与各位读者进行交流沟通,也欢迎各位专家学者进行指正。

作　者

2019 年 8 月

目　录

第一章 资本运作的基础理论

在改革开放进程不断加快的 21 世纪,我们不仅了解到更多国内外知名成功企业,也领略到很多商业巨擘在商场上叱咤风云,同时感受到企业联合、企业兼并、企业收购等资本运作方式的重要作用。在当前宏观经济环境不断变化、市场经济体制不断改革发展、经济政策不断协调变化的大背景下,市场和环境对企业管理尤其是投资、融资管理提出了更高的要求。在激烈的市场竞争中,企业想要保障现有资本的持续保值增值,必须重视相关的投融资管理工作,有效降低投融资的风险。为此,本章便从资本运作的基础理论入手,对资本运作的内涵、特点和中介机构等内容进行深入研究,以期帮助读者对资本运作的理论内容有一个大致的了解。

第一节 资本运作的内涵和特点

一、资本运作的含义

从世界各国的实践来看,资本运作实际上是企业产权主体为适应变化着的市场环境而采取的一个持续、动态的调整过程。有效率的资本运作要求整个经济体制形成一种动态调整机制,这包括了实体资本或资产配置结构的重新调整、产权改革与产权交易、现代企业制度的普遍建立、金融投资及其衍生工具的创新、无形资本价值的增值以及一个竞争性市场环境的确立等诸多方面。

资本运作就是对企业所拥有的一切存量资产(包括有形与无形),通过流动、组合、优化配置等各种运营方式而实现最大限度的资本增值。具体而言,是通过合理配置与有效运用企业内一切可支配的各种资源和生产要素,从而实现资本增值最大化的目标。这里,我们需要注意以下几点。

(1)所谓的资本,一定是能带来增值的价值,资本运作活动就是为价值增值而进行的有关投资和理财的活动。

(2)企业可以支配的各种资源和生产要素本身就是资本的使用价值,资本运作就是要通过资本使用价值的发挥来获得资本价值的增值。

(3)投资活动(Investment activity)和理财活动(Financing activity)是资本运作最主要的手段,是使资本实现增值目标的两个重要工具,这同一般商品的经营通过对商品的买卖来获取收益的方法是不同的。

(4)资本运作中不管采取何种方式进行运营,主要都是围绕一个核心目标展开,即最大限度地促进资本增值。

(5)资本运作中,要合理调整现有资产,高效配置资本,这就需要用到一些投资回报率高、风险小的理财或投资手段。

对于企业内部的生产管理流程,企业经理人一般都是十分熟悉的,而且对于企业的资源开发与产品经营,企业经理人也很重视,但因为计划经济体制的残余因素还具有一定的影响力,导致企业经理人不太熟悉甚至不够关注资本运作,而且以市场环境的变化为依据而进行企业资本运作与调整经营管理战略的能力也不够强,这直接造成了企业资源的浪费、闲置与流失,导致企业资产存量的再组织能力与企业经济的整体发展水平相比处于滞后状态。资本运作的主要目标就是资本增值的最大化,企业要围绕这一目标而不断根据实际情况来优化企业内部的生产要素与资本结构。

二、资本运作的类别

(一)按照资本运作的方向划分

1. 扩张型资本运作模式

资本扩张指的是企业通过兼并、收购等各种有效方式而使企业资本在现有结构下实现规模的进一步扩大。

资本扩张的常见类型如下。

(1)横向型资本扩张

资本扩张本质上就是产权交易,横向型资本扩展就是产权交易的一种方式,其特点主要表现为以下几点。

第一,进行交易的双方属于同一产业或部门。

第二,交易的产品相同或相似。

第三,交易是为了扩大经营规模。

这种资本扩张类型具有它自己的优势,具体表现如下。

第一,竞争者减少。

第二,企业的市场支配能力进一步增强。

第三,行业结构得到改善。

第四,行业生产力提升和市场有限性之间的矛盾得到了缓解。

(2)纵向型资本扩张

同样作为一种产权交易方式,纵向型资本扩张具有以下特点。

第一,交易双方处于不同行业部门或不同的生产经营阶段。

第二,交易双方有直接的投入/产出关系。

第三,企业通过控制生产原料、销售渠道及用户来提高自身对企业的控制力。

(3)混合型资本扩张

这种产权交易方式的特点是交易双方没有直接的技术经

济联系和投入/产出关系。现代企业的经营战略呈现出多元化趋势,混合型资本扩张与该趋势的要求相符,其优势在于将风险分散开来,使企业的经营更好地适应不断变化的市场环境。

2. 收缩型资本运作模式

资本收缩指的是企业将内部某一分支机构、某一部门或一部分资产、子公司转移到公司之外,从而使企业规模在现有资本结构的基础上有所缩小。这种资本运作类型实际上调整了公司的主要经营业务范围,将公司总规模缩小到可促进公司运行效率提升和实现价值最大化的程度。

企业的经营业务往往不局限于一种,除了核心业务之外,其余非核心业务中有些业务规模不大,收益少,对公司整体发展的贡献率小,与核心业务的联系不密切,对于这类业务,企业选择放弃,然后集中精力发展核心业务,这就是收缩型资本运作。收缩型资本运作有助于将企业资源集中运用到核心业务及其他重点业务上,从而支持核心业务和重点业务的发展。

收缩型资本运作主要通过以下几种具体的形式来落实。

(1)公司分立

给母公司的股东按比例分配母公司旗下某一子公司的所有股份,使子公司的经营不管是从组织上还是从法律上都与母公司的经营分离开来,这种资本运作方式就是公司分立。通过公司分立而形成的新公司与母公司的股东、股权结构是相同的。在这种资本运作中,并没有第三方转移股权和控制权,母公司依然拥有原来的价值,但形成的新公司在市场经济体制下有自己的价值判断,其单独面对市场的机会很多。

(2)资产剥离

资产剥离指的是企业将与自身总体发展战略目标不适应的分公司或部分资产(流动资产、固定资产)出售给第三方的资本运作方式。

下列几种情况中适合采用这一资本运作方式。

第一，企业内部存在一些不利于公司财务发展的不良资产。

第二，企业内部存在对业务运行造成干扰的资产。

第三，面对激烈的行业竞争，企业不得不在原有基础上将产业战线收缩。

（3）股份回购

股份有限公司购买本公司对外发行的股票，以实现股本收缩或使资本结构发生改变的资本运作方式就是股份回购，这种资本运作方式其实就是公司内部资产重组。

采取股份回购资本运作方式的常见原因或目的有以下几种。

第一，使公司资本结构在原有基础上获得优化与改善。

第二，使公司的控制权保持在原有水平或获得进一步的提升。

第三，使公司发行的股票的内在价值有所提升。

第四，为公司树立良好的形象。

第五，顺利实施公司高级管理人员认股制度。

公司在不同的发展阶段或面对不同的市场环境会采取不同的经营战略，股份回购就是股份公司在特定发展阶段出于以上原因而采取的经营战略之一。股份公司基于对市场环境的判断和自身实际情况的客观分析而采取这一战略。通常，选择通过股份回购方式将经营战线收缩或将投资重点转移的股份有限公司往往是处于成熟期或衰退期的公司。

（4）分拆上市

母公司给现有股东按比例分配自己在子公司中所拥有的股份，从而使子公司的经营从组织与法律上与母公司的经营中分离开来的资本运作方式就是分拆上市。分拆上市后，原母公司股东的持股比例和绝对持股数量没有发生变化，但可以按照持股比例享有被投资企业的净利润分成，而且在子公司分拆上市成功后，母公司将获得更丰厚的投资收益。

(二)按照资本运作的形式和内容划分

1. 实体资本运作

以实体为运作对象的资本运作方式就是实体资本运作。采用这种资本运作方式,通过投入增量资本而调整或重组企业实体的存量资本,从而增加企业实体资本的价值,进一步提高企业的生产经营能力,并获取更多的经济收益。

通常情况下,在企业的生产经营活动中就伴随着实体资本运作行为,实体资本运作方式主要有以下几个特征。

(1)资本流动性较差。

(2)资本投入的回收速度缓慢。

(3)资金利润率较高,有稳定收益。

(4)通货膨胀对其造成的影响不明显。

2. 产权资本运作

以产权为对象所进行的交易活动就是产权资本运作。这一资本运作形式的主要目标是优化企业资产结构,合理配置各类资源,增强企业实力,使企业在现有领域或其他发展前途好的领域实现新的突破与发展。

在资本运作中,为了分散或集中资本,促进资本结构的优化和资本使用效率的提高,通常采用的产权交易手段有股份回购、企业合并、股权套作、公司债券转换、分立等。在现实生活中,企业为了增加资本的价值或实现资本保值,常采用的方式有合资经营、吸收合并、投资控股、企业分立、产权转让、直接上市融资等。

3. 金融资本运作

产权主体以金融商品为运作对象、为实现资本增值而进行的资本运作活动就是金融资本运作。这一资本运作方式与企业的劳动资料、劳动对象和产品基本没有关系,金融商品如有价证券等才是金融资本运作过程中资本的主要表现形态。金融资本运作主要有以下几个特征。

（1）经营资本的额度可大可小。

（2）资金流动性高。

（3）运作风险较大，收益不稳定。

（4）资本运作效果在很大程度上直接受运作人员心理素质的影响。

4. 无形资本运作

以无形资本为运作对象、为实现无形资本价值增值而进行的资本运作活动就是无形资本运作。一般来说，企业的无形资产主要有商标、商誉、专有技术、专利等。

（三）按照资本的运动状态划分

1. 存量资本运作

为实现资本价值增值目标，通过资产剥离、资产重组、资产处置、兼并、联合、分立、租赁等运作手段来优化已投入企业形成资产的资本，这样的资本运作活动就是存量资本运作。

2. 增量资本运作

增量资本运作往往是指企业主体所进行的投资活动，这方面的运作活动主要是对投资所进行的策划和管理工作。

在实际工作中，资本运作本身往往同时进行增量资本和存量资本的运作，两者密不可分，特别是对实业资本和产权资本进行运作时，增量和存量一般也是同时存在的。

三、资本运作的特点

（一）以人为本的创意性劳动

资本运作活动中最重要的因素是优秀的人才及其创意，这一因素的重要性从某种意义上超过了资本和技术。在资本运作中，只有不断追求创新，才会发现更好的投资项目，发现更广阔的市场，发现更有效的运作模式，从而提高资本运作的成功率，这是很多资本运作专家在成功的资本运作活动中总结的宝贵经验。不管是选择新的投资项目，还是设计新的运作模式，或者是开辟新的市场，都离不开人，人的专业素质、综合素质直接影响资本运作的成败。运作过程中的问题往往是由人造成的，选错了运作人，就会影响运作过程的顺利进行和最终的运作结果。因此说，资本运作活动中的"第一资本"是人才，人才是必不可少的重要角色，企业要保证资本运作的成功，就必须善于选用人才。人的思想、理念、知识、技巧、创意、判断分析能力、对市场的敏感度等个人特征都能从企业资本运作的行为活动中体现出来。

（二）高风险、高收益的创新性活动

资本价值增值是资本运作的主要目的，为了达到这一目的，企业在资本运作过程中不断创新，在创新性劳动中创造新思想、新工具、新模式、新方法和新事物，取得良好的创新成果，这一创新成果是前人或别人从未创造出来或从未利用过的。在资本运作的创新活动中，即使有与创新成果相类似的其他成果，二者终究还是有区别的，创新成果与其他成果相比取得了质的飞跃。

在具有创新性的资本运作活动中，活动本身充满风险。资本运作能否成功创新，在创新后能否达到预期目的，这都是不确定的，是存在一定风险的，但一旦成功创新，获得的效果则是出乎意料的，所以说创新性的资本运作活动既有高风险性，又有高收益性，风险和收益呈正相关。我们必须正视创新性资本运作活动的风险性和运作过程中的一些不确定因素，基于对高风险性和不确定性的客观认识而有目的地创新，不要因为风险高就回避创新，而要想方设法减少风险和降低不可避免的风险所带来的影响，争取通过成功创新来获得高收益。

(三)注重资本的流动性

企业要实现资本保值与增值,就要保证资本处于不断的流动状态中,资本一旦被搁浅或闲置,无异于浪费,所以在企业资本运作中,不管采用何种运作手段与模式,都要尽可能盘活企业的资本或资源,使其一直处于流动状态,处于良性循环的运动状态,提升资本运转的效率,为企业创造更多的利益。

四、资本运作的动因

(一)实现企业的经营战略

虽然企业的大小与盈利之间没有直接的经济关系,但企业进行资本经营通常被人们认为有利于扩大生产经营规模,以取得规模经济效果,实现资本的集约化经营。聪明的企业家往往认为资本运作是实施企业战略的一种重要手段,通过资本运作的各种手段能够更好地实施企业的经营发展战略,因而,资本运作事实上是同企业战略类型联系起来的。针对不同的企业战略,资本运作可能会采用横向一体化、同心一体化或纵向一体化的不同做法。

事实上,在相关产业中进行资本运作,一家企业通过"向后"扩展,并购它原料资源的生产企业,或者通过"向前"扩展,并购从事产品销售和运送产品到最终消费者手中的销售企业,都是为了通过较大范围的采购控制和销售控制,以实现其经营上的经济性,并提高企业参与竞争和避免风险的能力。但收购、兼并或合并后所产生的内部整合与管理困难,往往也可能超过任何潜在的协作利益。

(二)取得多种经营的效果

企业经营难免会有风险,但企业要尽可能减少与控制风险,企业通过多元化经营可以实现这一目的,这也是企业进行资本运作的一个主要原因。企业收益受很多因素的影响,因而其具有不确定性,这是企业经营风险的主要表现。在企业收益的起伏变化中,敏感性是客观存在的,或者说经营敏感客观存在于商业周期中,因为不同行业的经营敏感程度不同,而且同一行业中不同企业的经营敏感度也有区别,因此不同行业或同一行业中不同企业之间在收益波动上也是或多或少存在差异的,这种经营风险就是由商业周期直接造成的,对此,要采取复合多样化经营战略来控制和减少风险。采取多样化经营战略,主要是在企业现有经营业务的基础上增加新的产品和劳务,新增产品或劳务要与传统经营产品或劳务有所区别,企业往往通过合资、合并、收购等方式来达到扩大经营范围的目的。

企业分立与企业合并是落实企业复合多样化战略的主要渠道,这是从我国企业长期的经营实践中总结的经验。通过企业分立而扩张,往往会因为不熟悉新行业、经验不足以及受到新行业中大企业的冲击而困难重重,短期内很难达到预期的扩张目的。相对来说,通过企业合并而扩张的做法更可取,现在比较流行的一种合并方式是复合合并,即合并、收购、合资经营等的组合形式。复合合并方式的产生与流行与以下原因有密切关系。

(1)如果一个企业的商业周期存在较大的变动,那么其若能将一个周期变动小的企业吸收合并,那么其自身的周期稳定性及收益性能都会得到提升。

(2)企业在某个阶段的发展可能会遇到暂时的困难,此时通过合并可获得其他企业的支持,从而顺利渡过难关。

(3)一个部门的亏损可以用另一个部门的利润来弥补。

(4)企业的跨行业发展是企业经营者价值观的一种反映,也是经营者实现自身抱负的举措。

(5)复合合并对企业来说是不可多得的发展机会,这个机会对企业极具吸引力。

(6)通过合并扩大经营,开辟新市场,企业经营风险在一定程度上被分散到若干不同的市场。

（7）为增加企业的经营灵活性和提升盈利能力，可通过合并向更具经济优势的行业进行战略转移。

（8）通过合并，使企业进一步向资本市场靠近，以促进企业收益的稳定和不断增长。

（9）复合合并能够给公司股票价格的市场变化带来有利影响，提高企业股票价格，稳定股东心理。

（10）采取复合合并战略，能够使企业从协同增益中达到预期的战略目标。

总之，市场需求在不断变化，市场的多元异质性也越来越突出，对此，企业可通过复合合并战略而积极应对市场变化。企业在变化莫测的市场环境中"单打独斗"要面对很多情况，如生产技术的变化、激烈的市场竞争、消费者需求的变化以及法规政策的改变等，这对企业的应对风险能力提出了非常高的要求，而采用复合合并的战略，可以使企业更加经得起风险，提高企业的市场竞争力，还能使重要股东的地位得到巩固。

（三）加快企业的发展速度

促进企业发展速度的加快也是企业进行资本运作的主要原因之一。企业通过内部扩展是很难加快发展速度的，而通过资本运作对外合并、扩张，不仅可以加快发展速度，而且承担的风险与付出的代价也要小一些。

采取资本运作手段可促进企业间的直接组合，进而加快企业的发展速度，这主要体现在以下几个方面。

（1）面对不断变化的市场环境，企业不能一味地去被动适应与迎合，而要积极主动地去创造有利于自身发展的外部环境。

（2）和企业内部建设和扩展的方式相比，通过兼并、收购的方式实现外部拓展具有花费少，获利快的优势。

（3）企业确定发展方向后，兼并、收购其他企业，并能充分利用被兼并、收购的企业中的人力资源，专业素养高和经验丰富的专业管理人才能够为企业的发展做出巨大贡献。

（4）企业通过兼并、收购，使销售量的增长速度比市场容量扩大的速度还快，从而加快提升企业的市场占有率。

（5）兼并、收购后企业的利润率和原来的利润率相比有了显著提升。

（6）通过兼并扩张，企业能够将新的产品与劳动提供给有需求的消费者，开辟新的市场。

（7）通过企业组合，可以使本行业的价格竞争得到缓解，甚至将这种竞争消除，或是促进企业实力的增强，使企业从容应对竞争。

（四）寻求企业的差异化

在企业的经营管理中，要提升自己的竞争优势，在市场竞争中脱颖而出，就要不断寻求制胜法宝，主要就是积极寻求产品、技术、价格、市场以及顾客的差异化。企业找到属于自己的制胜法宝，拥有一定的竞争优势后，很难长期顺利地将自己的竞争优势维持下去，主要是因为自己的差异化优势被其他企业模仿之后就不再是优势，而且随着生产技术的不断革新，基于产品差异化、市场差异化、价格差异化和顾客差异化而形成的企业优势也会逐渐弱化。企业要持续不断地保持自身在市场竞争中的优势，需要利用资本运作手段来强化自身在产品、技术、市场、价格及顾客方面的差异化，与其他企业形成明显对比。资本运作的过程及其精义所在就是差异化。现在世界上有很多企业正是因为建立了自身独特的资本运作模式，所以才以一定的优势在激烈的市场竞争中取得令人瞩目的成功。

资本运作理念强调将宝贵的稀有资源集中起来，充分运用，优化配置，使之在企业的某个关键领域发挥重要作用，这也是资本运作差异化的核心思想。如果企业认为自己并不具备足够的优势资源来实现成功，那么就应该积极采用资本运作手段，主动出击，寻求突破。只要善于发现问题，勇于打破常规，在资本运作手段的设计与实施中添加新的创意,融入价值非凡的意念,必然会提升企业的差异化优势,并基于这一优势而给企业带来可观的收益。企业的资本运作方法要体现出与众不同,这样才能形成差异化优势,差异化是企业资本运作的精妙之处。要设计出与众不同的资本运作方式,就要做到构思新颖独特、企业组织形式丰富先进、筹资手段多元独到、创新金融工具和开辟广阔的进入资本市场的渠道。

中国古代无论是《孙子兵法》的"奇兵原则",还是《史记·货殖列传》中的"富者必用奇胜",都说明了一个共同的道理——以奇制胜。"奇",指的是出人意料,只有出人意料,不落俗套,别出心裁,才有把握取胜,按照这一思路推敲企业资本运作的方式,才能更好地形成差异化优势,提高企业的市场竞争力。

五、资本运作的误区

(一)资本运作并不简单等同于企业多元化

近年来,许多企业为了实现扩张而采用资本运作的手段,并积极推行多元化经营战略,甚至有的企业为了实现多元化经营战略目标而进行大规模的低成本扩张,具体通过资本运作和资产重组的方式而进行。多元化其实不是近些年才出现的新词汇和新概念。多元化战略早在 20 世纪 60 年代就已经成为美国很多企业的主要经营战略之一,在多元化经营理念下企业大规模收购、合并,不断扩张。这些企业之所以要扩张,主要是为了将企业的管理系统优势充分发挥出来,拓展业务,使企业的盈利渠道变得更多,并吸引投资者,在信贷上更有资格讨价还价,而且向朝阳产业方向扩张,还能促进企业的长远发展,避免因老化而被市场淘汰。此外,企业扩张意味着企业要增加人力资源,这对企业的老员工尤其是中高层来说是晋升与进一步发展的好机会。但现实中也有企业虽然实行了扩张政策,但盈利能力不增反减,而且在拓展的新业务上面临顾客基础薄弱、人事组合复杂、运营资本流通不畅等种种问题,这就造成了企业经营的困难,其中企业最难克服的问题是组织间的文化差异、人们决策参照系的差异以及无形的文化一体化问题。

多元化带来的问题确实不少,但就此全盘否定多元化也有失公允。多元化也是一种成功的战略,它有利于企业分散风险、把握和扩大盈利机会、提高资本运作的效率和资本的使用效率。但多元化经营也同样会导致企业资源短缺、经济效益随着业务扩大而递减、投资膨胀等诸多问题。特别是对我国绝大多数企业而言,尚无多元化经营的经验和条件,因而自然就不会具备经营的能力。

实践证明,若要成功地运用资本运作的手段来推进企业的多元化战略,必须用战略的眼光来审视以下几个问题。

(1)企业自身所拥有的优势。企业自身所拥有的绝对优势和相对优势能够使其在竞争激烈的市场环境中脱颖而出,支撑其长久发展下去。企业要拟订适合自身的资本运作计划,就要全面考虑自身在技术、资金、营销、管理、人力等方面所具备的条件和优势。拟订好资本运作计划后,企业必须明确三个问题的答案,分别是我们正在何处?我们将走向何处?我们准备走向何处?只有清楚这些问题的答案,才能对企业资本运作计划的主旨有一个正确的理解。

(2)协同增益问题。企业将原有业务和新增业务结合起来,获得比原来更大的收益,这就是协同增益。判断企业协同增益的实际效果,主要采用缺口填补的方法,即判断在拓展新业务后是否填补了产品线、销售或销售组合、市场和竞争、管理和人才等方面的缺口等。

(3)留意是否存在过度扩展的问题,是否进入"资产膨胀"的误区。企业在资本运作扩展过程中如果存在过度扩展或急促扩展的问题,那么企业就很容易消化不良,有些企业只是追求资产的膨胀,但这与企业经营规模的扩大和盈利能力的提升不是一个概念。事实表明,扩展过度会重蹈 20 世纪 60 年代美国企业资本运作的覆辙。

(二)资本运作不是"空手道",而是企业内外配合协调的结果

人们往往将企业资本运作的过程看作高智力性、高收益性的活动,是投资与理财的结果,而非产品生产经营的结果。非产品或非实体经营的结果又自然会被人们看成是"空手道",也就是"空手套白狼",这种看法并不全面。资本运作确实是高智力的活动,人们的观念、创意及运作模式的创新直接决定了资本运作的成败,资本运作的高收益离不开专业人才的精心策划和企业的理性投资。但如果认为资本运作只是高智力性活动和投资理财的结果,和产品产生或实体经营无关,那么企业的实体经营就会被忽视,显然这对企业的发展是不利的。我们必须清楚一点,资本运作只是企业众多战略活动中的一种,是企业内外协调配合的结果(企业实体经营和资本运作达到内部协调、外部适宜),具有非常规性、非例行性以及非程序性的特点。

作为企业内外配合协调结果的资本运作活动是一个动态过程,在这个活动过程中企业内外环境存在密切互动,管理人员对此要有清晰的认识,并积极为内外环境的互动创造机会,营造氛围。正因为资本运作是动态的,所以如果企业的内部环境一成不变,那么其不可能永远都适应不断变化的外部环境,内外环境的互动就会存在障碍,而且环境的变化也可能造成企业资本运作战略价值的丧失,甚至今天为企业做出大贡献的资本运作战略今后很可能成为制约企业发展的因素。因此,将资本运作看作"空手道",而不注重产品生产与实体经营必定得不偿失。

(三)资本运作不是"资产膨胀",而是企业更新的结果

企业资本运作的主要表现形式有企业兼并、收购和资产重组等,在这些形式的资本运作中,企业资产的数量不断增加,企业经营的规模也较之前有了明显的扩大。但必须明确的是,企业资产

数量的增加与规模经济的实现、企业实力的增强以及经营业绩的提高并不是同一个意思,企业资产数量增加与这些不能划等号,企业资产数量的增加只是促进企业规模经济的实现、企业实力的增强以及经营业绩的提高的一个重要条件。具备这一条件后,还要加强企业的更新,这是实现规模经济、扩大实力和提高企业经营业绩的关键。

国有制企业在传统的资本运作中将资产膨胀看得很重要,认为只要实现了资产膨胀,企业实力就会提升,规模经济也就会自然而然地实现,其实这是错误的思想,如果只强调资产膨胀而不更新企业制度,那么提升企业实力、实现规模经济是不可能的。企业的经营机制主要由企业制度所决定,而企业的经营效果又是由经营机制所决定的。如果企业不重视深化改革,那么企业内部环境与外部环境之间的差距就会越来越大,这样是不可能实现规模经济和增强企业竞争力的。

随着企业内外环境的不断变化,企业的资本运作模式也要适当调整,因此不可避免地会涉及企业更新问题。但企业更新的动力不是源于组织内部,而是源于企业外部。对于企业的更新问题,企业高层领导必须予以高度重视,在企业遇到经营困难时,要勇敢面对,积极应对,适当调整,从而创造良好的条件与环境来推动资本运作战略的实施。

(四)资本运作不是简单的"低成本扩张",而是企业资源优势发挥作用的结果

一些人认为企业的资本运作是企业是为了以较少的投入获得更多数量的资产,即通过低成本扩张而增加企业资产数量所采用的战略。甚至有些人认为,企业为了实现低成本扩张的目的,完全可以通过高智力的策划活动来调整资产结构,从而完成资本运作。这种观点违背了资本运作的内在要求,是片面的。

资本运作对一个企业来说是否必要,或者说企业是否具备充足的条件来实施资本运作模式,可以通过分析该企业的优势来进行判断。如果企业的优势只是单纯体现在其拥有的资产与归属

物上,那么企业进行资本运作的条件还不够充足。如果企业拥有在资产运作过程中盘活资产所必需的知识与管理技能(企业在技术、产品、人才、市场营销、管理等方面具备优势),那么可以说企业具备了进行资本运作的条件。因此,企业拥有的资本数量的多少和资产交易价格的高低并不能决定企业是否能够顺利进行资本运作,企业所拥有的各种资源优势才对企业的资本运作效果起决定性影响。企业在资本运作中应当将自己在技术、产品、市场、人才以及管理等方面所形成的独特优势充分利用起来,并加强企业制度创新,推进市场化运作模式的创新,从而取得良好成果。

(五)在资本运作中,不能把经济规模等同于规模经济

从根本上来说,规模经济是一种适应生产经营规模带来的效率与效益的经济。人们往往认为企业规模越大越好,这种认识是错误的,当然规模越小越好的观点也是不正确的。经济规模是一个总量概念,成本收益分析不涉及其中。一般可以称得上是规模经济的经济规模具有成本低、收益递增等特征。经济规模扩大并不一定就是规模经济。

企业在资本运作过程中容易将经济规模与规模经济混淆,具体表现在以下几个方面。

(1)认为将若干独立的企业联合起来,就可能形成规模经济。

(2)把企业规模扩大与规模经济等同起来。

(3)把规模经济简单地推而广之。

(4)把规模经济的"规模"绝对化。

(5)把规模经济看作大企业、大集团的"专利"。

(六)在资本运作中,不能把经济范围等同于范围经济

经济范围与范围经济是两个概念,不能将二者等同起来,二者之间具有一定的联系,但客观上也是有区别的。作为规模经济的一种转化形式,范围经济需要一系列严格约束条件。

提高效率和增加效益是企业多元化生产经营的主要目标,经

济范围本身不是企业多元化生产经营所追求的目标。有人认为企业的生产经营范围越大越好,其实这是不正确的,企业不能盲目扩张经营领域和盲目扩大经营范围,不能盲目收购、兼并,尤其是混合并购,如果单纯为了追求经营领域的扩张而进入自己不熟悉的新市场,就很容易陷入泥潭而不能自拔,而且也难以实现规模经济与范围经济。如果企业在不具备多元化经营的条件与优势的情况下依然盲目扩张,容易造成决策失误。企业大都通过收购、兼并来实现多元化经营,如果是无关联的多元化经营,企业进入全新的、陌生的经营领域,对新的行业和市场毫不熟悉,此时企业高层决策者很难做出明智的且对企业长远发展有利的决策,一旦决策失误,就难以在新的经营领域建立新的支柱产业,同时还会给原有经营领域的支柱产业造成一定的负担,影响原支柱产业的发展。

此外,企业对多元化经营的过分追求也会导致企业管理上一些问题的出现,从而影响管理效果。这是因为,企业要扩大经营,就要增设一些分支机构,这样就会使企业的管理链条变得更长,管理起来更加困难,最终影响管理效率和最终管理质量。如果是无关联的多元化经营,就会增加更多的管理成本,浪费更多的管理资源,这样的管理最终是无效的,企业也最终难以取得预期的多元化经营效果。

(七)资本运作不是"一瞬间"完成的,它是企业的一项战略管理工作

有人认为,资本运作就是一项决策,是对一个个案进行的方案设计和决策工作,这是一个错误的认识。资本运作实际上是企业的战略突击形式之一,是一种企业行为,和企业的日常性业务工作不同。进行资本运作,首先要求企业具备成熟的条件。因为资本运作是企业的一种战略,因此就涉及设计战略规划和执行规划的问题,这是一个长期的过程,对企业的耐力或持久力是一个巨大的考验,可以说企业的耐力与持久力也是其进行资本运作的一个重要条件。

　　制订好资本运作战略规划后,就要着手实施规划,在规划的运作与实施过程中,若企业内外环境发生了变化,或发现评估上存在错误,就有必要适当调整资本运作方式。但一般情况下不要将原来的战略规划完全否定或放弃,否则容易造成巨大的损失,损失不仅包括浪费了资源,还包括有损企业形象和声誉。因此,在资本运作过程中要加强对资本运作战略执行过程的管理,具体要做到以下几点。

　　首先,企业高层领导应当对"资本运作是一个战略过程"有一个清楚的认识,要客观、准确地评估战略运作的内外环境与条件。

　　其次,要预测战略执行过程中可能出现的问题,做好各方面的应对准备,不能因没有耐力而放弃战略运作。

　　最后,在战略运作过程中遇到难题时,冷静思考,客观分析,灵活处理,坚持战略目标,以推进战略规划的有序运作与执行,最终达到预期的战略目标。

第二节　资本运作的中介机构

　　资本运作中介机构是企业资本运作的专业化服务提供者,它最了解资本如何优化配置才能达到最大的效益。资本运作中介机构是一种专门从事企业兼并、收购和重组的金融顾问,是资本运作的中介与策划者,它对推动我国企业的资本运作发挥着重要作用。

一、投资银行

　　投资银行是资本运作中介机构的代表,它以其系统的信息、各类专业人员专业化的分析、精心的策划以及可靠的信誉和融资能力,成为资本运作市场无法替代而又不可或缺的机构。

（一）投资银行概述

投资银行在西方是个相当古老的行业，"投资银行"是个美国称谓，又称"华尔街金融公司"——那是因为这些银行大多聚集在纽约华尔街的金融区。在英国及欧洲的大多数国家称为商人银行。投资银行的历史可以追溯到 19 世纪末 20 世纪初。在美国是由一些从事投资的公司演变而来的，在欧洲其前身是经营国内海外贸易的公司。

在资本市场高度发达的今天，投资银行已经从单纯经营证券买卖发展成为资本市场上最活跃、最具影响力的高级形态的中介机构。资本市场如前所述是长期的资金市场，在这个市场上流通的商品不止是一般的消费品，而是企业股权和债权等。有人把投资银行描述为：运用别人资本的人。投资银行主要从事证券买卖、基金管理、公共融资、项目融资、公司理财、企业并购、股票上市等业务，并向投资者提供与上述业务相关的各种金融产品和工具。可以说，投资银行是资本市场的灵魂。

在资本市场，投资银行作为一种中介结构，表现出高级形态，其主要作用体现在促进资源的优化配置和生产要素的优化重组等方面。投资银行在经济发达国家的发展历史十分悠久。投资银行在我国的形成与发育是有广阔市场空间的，具体表现为我国市场经济体制不断趋于完善、经济结构不断趋于优化、国内资本市场不断扩大、国内外资本市场日渐接轨及现代企业制度越来越健全等。我国的投资银行业应具备高起点、专业、规范等特点，这是由我国经济发展的需要所决定的。投资银行是企业改组和资源流动的枢纽，是推动资本市场完整统一的重要力量，它的运行要坚持市场经济原则，从而为企业的改造提供优良条件。我国的中金公司被认为是最典型的投资银行。

投资银行业、证券公司、信托投资公司三者的工作重心不同。投资银行为企业融资充当财务顾问，是兼并、收购与重组的专家。证券公司的工作重心是证券经纪人。信托投资公司的工作重心是信托人,是受人之托,代人理财。投资银行、证券公司、信托机构三者工作有一定交叉,但是区别还是很大的,目前国内的证券公司和信托机构都不是真正意义上的投资银行。我国的投资银行业起步较晚,但是目前正面临着有史以来最大的市场需求和最具魅力的挑战。

投资银行在企业的资本运作中起着中介的作用,资本运作的成功与否,投资银行的参与至关重要。下面我们将详细介绍在各种资本运作形式中投资银行的重要角色。

(二)投资银行与资本运作

收购兼并、基金管理,投资银行无处不在。

经过上百年的发展,现代投资银行已经突破了证券发行与承销、证券经纪、私募发行等传统业务框架,逐步涉足企业并购、项目融资、风险投资、公司理财以及基金管理等创新性业务。

在兼并与收购方面,投资银行扮演了重要的角色。他们寻找收购兼并对象,帮助买方公司或卖方公司实施各种收购和反收购政策,通过 MBO 公司经理层筹集资金。可以说,20 世纪 80 年代以来没有哪次收购兼并活动没有投资银行的参加。

基金管理是投资银行的另一个长项。作为发起人,投资银行投资发起和建立基金,也可以作为基金管理者管理基金。投资银行还可以作为基金的承销人,帮助基金发行人向投资者发售收益凭证。

(三)投资银行业务

以主要发达国家美国为例,其投资银行业务一般如下。

1. 企业融资

企业融资主要包括新上市的证券和再发行的证券。

2. 公共融资

公共融资业务专门为政府、公共机构、大学等发行单位承销公债。因为这些单位投资利息收入都不必缴税,所以这类债券对于纳税率高的投资者特别有吸引力。

3. 项目融资

项目融资并不为一般项目融资,而主要是为自然资源开发项目筹措必要的资金。根据预测的收入、现金、各投资者的需求项目风险等因素,设计出一套适用于该项目的金融方案。

4. 私募资金

在证券市场公开上市,过程比较复杂。对于一些较复杂的投资项目或需要量不大的融资,可以私募的方式进行。

5. 证券买卖

投资银行既为自己买卖证券,也为客户买卖证券。由于债券股票、期货、外汇性质各不相同,证券部分为股票部、债券部、期货期权部等,推销银行认购下来的各种证券,向客户介绍各种投资机会。

6. 企业并购

投资银行在并购中扮演着十分重要的角色,帮助企业寻找合适的收购兼并对象是现代投资银行的主要业务之一。在发达国家的企业兼并收购中,投资银行作为兼并的经纪人以各种方式参与企业兼并收购活动,从安排兼并收购计划、目标企业的寻找、制订兼并收购价格,到为兼并收购企业筹集资金等,投资银行的主动性作用特别引人注目。

投资银行为买方和卖方就合并、买卖的条件与价格进行咨询或分析评估对方提出的收购建议,或对收购对象进行评估,收取按买卖金额百分比计算的大笔咨询费。企业合并买卖不但帮助卖方或买方寻找对象,有时还提供桥梁贷款促成双方的交易。除协助友好企业间的买卖成交外,投资银行也帮助企业制订对付不友好收购的策略。

国外经验证明,投资银行既是企业兼并收购的主要设计师,又是企业兼并收购的最大获益者。

7. 风险资本

投资银行作为中间人为新公司融资,也直接投资于新生企业。专业人员审核各种新生公司的融资建议,他们除金融知识外,还具备专业技术知识。他们从风险、技术性、业务规划、市场营销、今后资金的需要、管理人员的能力等各方面,估计新生企业的存活率和收益率。风险投资者一般极有经验,投资后也可能参与新生公司的管理。

二、其他中介机构

在资本运作实战中,随着资本市场向形式多样化、操作程序化、交易市场化的方向发展,各类中介服务机构也应运而生。近年来,国内涌现了一批包括投资银行在内的资本运作中介机构,他们综合运用各种现代资本运作的专业化手段,推动着中国资本市场向国际化、效能化的"革命性"转变。

(一)律师事务所

在资本运作的过程中,律师这一角色不可或缺,尤其在恶意收购下,买卖双方都会针对各种漏洞提出诉讼,因此律师在收购发生的抗诉合同中扮演重要的角色。律师的工作是多方面的,除了这些战略性的诉讼之外,律师还参与一些更有知识化、参谋性的工作。收购工作本来就不易,因为它是实物性的业务,所以必然要求有具备专业法律知识和良好业务能力的律师参与其中。

(二)会计师事务所

会计师事务所和投资银行一样,是资本运作舞台上不可或缺的台柱子。他们在收购合并中扮演审计的角色,组织收购专门小组,和投资银行并行参与顾问的业务,如美国活跃的四大会计师事务所都拥有一支收购的专门队伍。由于他们经常接触庞大数量的各种顾客及审计的场合,自然会参与收购事宜。收购常是企业发展战略的先导,因此会计师事务所必然会应顾客要求做这一方面的对应。

(三)风险投资机构

在整个风险资本的运作过程中,风险投资机构扮演着举足轻重的角色。因此,要保证其有效合理地履行自身的职责,不仅要有对其行为的约束机制,更要有与其职责相协调的利益实现机制,而这就要从风险投资机构的组织形式中体现出来。

第二章　企业价值评估

2003 年 12 月，经国务院同意，国务院办公厅以国办发〔2003〕101 号文转发了财政部《关于加强和规范评估行业管理的意见》（以下简称《意见》）。《意见》深刻分析了我国资产评估行业的发展状况、面临的形势和存在的问题，对加强和规范资产评估行业的管理，推动资产评估行业的健康发展提出了具体要求。

企业价值评估是资产评估专业课程的重要内容，同时也对会计、财务和金融专业中相关领域的问题解决起到重要支撑作用，其理论和方法日趋成熟。在我国，随着市场经济的不断发展，企业价值评估作为社会经济和资本市场中不可或缺的价值分析工具，适用于设立公司、企业改制股票发行上市、股权转让、企业兼并、收购或分立、联营、中外合作、合资、租赁、承包、融资、抵押、诉讼、破产清算等目的，越来越被企业、政府监管部门及社会公众所关注，应用范围越来越广，在全球资本运营中扮演着重要角色。重视企业价值评估对企业自身发展以及整个社会经济的发展具有重要促进作用，当前各国政府、企业及其他利益相关者都十分重视掌握并运用这一资本工具。针对这一现状，本章具体分析基于现金流量、基于 EVA、基于价格比率、基于资产、基于期权定价理论等方面的企业价值评估内容。

第一节 基于现金流量的企业价值评估

一、基于现金流量的企业价值评估的意义

一般情况下，人们会将企业价值与企业未来资本收益联系在一起，认为二者之间是等值关系。企业未来资本收益可用股利、净利润、息税前利润和净现金流量等表示。不同的表示方法反映的企业价值内涵是不同的。利用净现金流量作为资本收益进行折现，被认为是较理想的价值评估方法。因为净现金流量与以会计为基础计算的股利及利润指标相比，更能全面、精确反映所有价值因素。下面以表 2-1、表 2-2、表 2-3 及表 2-4 为例进行分析。

表 2-1　A 公司预计净收益　　　　（单位:万元）

A 公司	2013	2014	2015	2016	2017	2018
销售额	1 000	1 050	1 100	1 200	1 300	1 450
现金支出	700	745	790	880	970	1 105
折旧	200	200	200	200	200	200
净收益	100	105	110	120	130	145

表 2-2　B 公司预计净收益　　　　（单位:万元）

B 公司	2013	2014	2015	2016	2017	2018
销售额	1 000	1 050	1 100	1 200	1 300	1 450
现金支出	700	745	790	880	970	1 105
折旧	200	200	200	200	200	200
净收益	100	105	110	120	130	145

表 2-3　A 公司预计净现金流量 （单位:万元）

A公司	2013	2014	2015	2016	2017	2018	累计
净利润	100	105	110	120	130	145	710
折旧	200	200	200	200	200	200	1 200
资本支出	600	0	0	600	0	0	1 200
应收款增加	250	13	13	35	45	23	219
净现金流量	550	292	297	245	375	22	491

表 2-4　B 公司预计净现金流量 （单位:万元）

B公司	2013	2014	2015	2016	2017	2018	累计
净利润	100	105	110	120	130	145	710
折旧	200	200	200	200	200	200	1 200
资本支出	200	200	200	200	200	200	1 200
应收款增加	150	8	8	15	15	23	219
净现金流量	50	97	102	105	115	122	491

从表 2-1 和表 2-2 中可以看出,A 公司和 B 公司各年度的销售额和净利润是完全相同的。如果以此资料为基础评估企业股东价值,可得出两个公司股东价值完全相同的结论。但是从表 2-3 和表 2-4 中可以看出,虽然两个公司各年度利润和销售额完全相等,累计资本支出和应收款增加额也相同,但其各年度现金净流量及变动趋势却不同。因此,以现金净流量折现法评估的两个公司股东价值就可能不同。

通过以上实例分析可以看出,基于现金流量的企业价值评估方法更全面、更科学,因此这种评估方法将资本支出时间不同对资本收益的影响纳入考虑范围,从而提升了评估结果的科学性。

二、基于现金流量的企业价值评估模型

很多学者在研究企业价值时提出,可以将企业资产的价值等同于其未来现金流量的折现值,以此为基础建立起了现金流量折

现模型。一般情况下,任何资产都可使用现金流量折现模型来估值,公式如下:

$$V = \frac{CF_1}{1+r} + \frac{CF_2}{(1+r)^2} + \frac{CF_3}{(1+r)^3} + \cdots = \sum_{t=1}^{n} \frac{CF_t}{(1+r)^t}$$

式中,

V——资产的价值;

n——资产的总期数;

CF——资产第 t 期的预期现金流量;

R——预计现金流量风险的折现率。

通过现金流量折现模型可以看出,该模型公式中有三个关键点,即预期现金流量、折现率、获利能力这三个基本参数。预期现金流量可以分为三种:股利现金流量、股权自由现金流量、公司自由现金流量。根据预期现金流量的不同种类,该模型可以分为股利现金流折现模型、股权自由现金流折现模型、公司自由现金流折现模型。

(一)股利现金流量折现模型

一般情况下,企业的未来股息是确定企业股票预期价格的决定性因素,因此我们通常将股票的价值等同于无期限的股息折现后的价值,由此可以得到以下公式:

$$V = \frac{DPS_1}{1+r} + \frac{DPS_2}{(1+r)^2} + \frac{DPS_3}{(1+r)^3} + \cdots = \sum_{t=1}^{n} \frac{DPS_t}{(1+r)^t}$$

在上式中,

V——每股股票的价值;

DPS——第 t 期的预计支付的每股股利;

R——股票的要求收益率。

可以看出,只要企业可以科学正确地预测股票的未来股利,就可以利用股利现金流量折现模型计算股票的内在价值。在对股票未来每期股利进行预测时,关键在于预测每期股利的增长率,用 g_t 表示第 t 期股利的增长率,其数学表达式为:

$$g_t = \frac{DPS_t - DPS_{t-1}}{DPS_{t-1}}$$

由于企业的股利增长率可能并不相同,因此可以按照这一差异将股利现金流量折现模型划分为三类,即零增长模型、匀速增长模型(戈登模型)、两阶段增长模型等。

1. 股利贴现零增长模型

在股利贴现模型中,零增长模型属于一种比较特殊的形式,同时也是三种形式中最简单的一种。在该模型的假设下,企业每期具有相同的股利,也就是说股利的增长率为零。可以通过以下公式表现:

$$DPS_1 = DPS_2 = DPS_3 = \cdots = DPS_n$$

或者可以表示为 $g_t = 0$

将以上假设代入模型就可以得到:

$$V = \sum_{t=1}^{n} \frac{DPS_t}{(1+r)^t} = \sum_{t=1}^{n} \frac{D_0}{(1+r)^t} = D_0 \sum_{t=1}^{n} \frac{1}{(1+r)^t} = \frac{D_0}{r}$$

2. 股利贴现匀速增长模型(戈登模型)

匀速增长模型也是一种特殊的股利贴现模型,也可以将其称为戈登(Gordon)模型。该股利贴现模型假设,企业每期支付的股利都是以稳定的增长率 g 增长的。

实际上,想要运用戈登模型评估企业价值是需要满足一定前提建设条件的,如下所示。

(1)股息的支付在时间上是永久性的,即 $t \to \infty$。

(2)股息的增长速度是一个常数,即 $g_t = g$。

(3)模型中的贴现率大于股息增长率,即 $r > g$。

在满足以上三个前提假设条件的基础上,我们可以将股利现金流量折现模型表示为:

$$V = \frac{DPS_1}{1+r} + \frac{DPS_1(1+g)}{(1+r)^2} + \frac{DPS_1(1+g)^2}{(1+r)^3} + \cdots$$

$$= \sum_{n=1}^{\infty} \frac{DPS_1(1+g)^{n-1}}{(1+r)^n}$$

$$= \frac{DPS_1}{r-g}$$

在上式中,

DPS_0——企业初期支付的股利;

DPS_1——企业第一期支付的股利。

可以看出,如果该模型中的股息增长率 g 等于零,匀速增长模型就变成了零增长模型,零增长模型是匀速增长模型的一种特殊形式。

3. 股利贴现两阶段增长模型

可以看出,以上两种模型均为股利贴现模型的特殊形式,不论是股利增长率为零还是持续稳定保持固定值,在实践中都是很难实现的,因此,基于企业运行中的各种不确定性形成了两阶段增长模型等非匀速增长模型。

两阶段增长模型是将公司的发展分成两个阶段,在这两个阶段中,股息的增长率不同分别用 g_1、g_2 表示。例如,一家公司拥有一项专利,保护期为 5 年,因此 5 年内增长率比较高;保护期过后,增长率会下降到平均水平,因此该公司第一个阶段是高成长阶段;第二个阶段是稳定成长阶段,如图 2-1 所示。

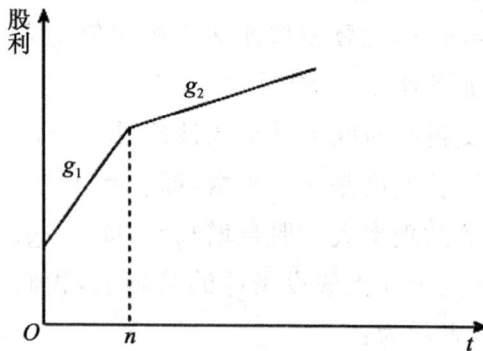

图 2-1　两阶段增长模型

使用两阶段增长模型估算企业价值,最关键的环节是科学准确地计算企业第一阶段和第二阶段的股票价值,二者的合计才是股票的内在价值,即:

$$V = V_1 + V_2$$

式中,

V——股票的内在价值;

V_1——企业第一阶段股票价值;

V_2——企业第二阶段股票价值。

可以看出,运用这个模型首先要分别计算 V_1 和 V_2。

计算第一阶段股票价值(V_1),需要分别计算第 1 年至第 n 年的股利现值,加总可得第一阶段的股票价值,即:

$$V_1 = \frac{DPS_1}{1+r} + \frac{DPS_1(1+g_1)}{(1+r)^2} + L + \frac{DPS_1(1+g_1)^{n-1}}{(1+r)^n}$$

$$= \sum_{t=1}^{n} \frac{DPS_1(1+g_1)^{t-1}}{(1+r)^t}$$

计算第二阶段股票价值(V_2),关键在于计算出第二阶段期初的股利,再利用匀速增长模型(戈登模型)加以折现,就可以得到第二阶段股票价值,即:

$$V_2 = \frac{DPS_1(1+g_1)^{n-1}(1+g_2)}{r-g_2} \times \frac{1}{(1+r)^n}$$

将上述计算公式综合,就可以得到计算两阶段增长模型的股票内在价值的公式,如下所示:

$$V = V_1 + V_2$$

$$= \sum_{t=1}^{n} \frac{DPS_1(1+g_1)^{t-1}}{(1+r)^t} + \frac{DPS_1(1+g_1)^{n-1}(1+g_2)}{r-g_2} \times \frac{1}{(1+r)^n}$$

这种两阶段增长模型计算当时是针对非匀速增长的股利创设的,因此普遍适用于股利非匀速增长企业的价值评估,也就是说三阶段增长模型等非匀速增长模型都可以采用类似的方法进行计算。

(二)股权自由现金流量折现模型

使用股息折现模型进行企业价值评估,就是假设股东获得的所有现金流量都是股息,但是股权自由现金流量折现法则对基于这种假设进行的企业价值估算做出了突破。

1. 股权自由现金流量

股权自由现金流量(FCFE)是指在满足了一切财务要求后剩余的现金流量。其中,这里的财务要求是指债务偿还、资本支出和营运资本支出等。也就是说,股权自由现金流量是指支付完所有的利息和本金以及用于维持现有资产和增加新资产的资本支出后的剩余现金流量,其计算公式如下所示。

$$FCFE = 净利润 + 折旧 - 资本支出 - 营运资本变动$$
$$- 归还本金 + 新债发行$$

假设可以依靠目标负债比率 δ 融资满足企业的资本支出和营运资本要求,同时本金的归还以新债发行支付时,那么就可以将以上的股权自由现金流量表达式改写为:

$$FCFE = 净利润 - (1-\delta) \times (资本支出 - 折旧)$$
$$- (1-\delta) \times 营运资本变动$$

其中:

$$资本支出 = 长期资产净值变动 + 折旧摊销$$
$$- 无息长期负债的增加$$
$$营运资本 = 流动资产 - 流动负债$$

2. 股权自由现金流折现模型

通常可以使用预期 FCFE 的现值表示企业的股票价值,也就是:

$$股票价值 = \sum_{t=1}^{\infty} \frac{FCFE_t}{(1+K_e)^t}$$

式中,

$FCFE$——第 t 期股权自由现金流量;

K_e——股权资本成本。

类似于股利贴现模型,决定股票价值的一个因素是股权自由现金流量的预期增长率,即 g_{FCFE}。股权自由现金流量增长率是以净利润为基础的。可以根据 g_{FCFE} 的不同,采用戈登模型、二阶段增长模型等简化计算股票价值。

$$g_{FCFE} = g_{EPS}$$

(三)公司自由现金流量折现模型

1. 公司自由现金流量

公司自由现金流量(FCFF)是指企业经营活动所得中管理者可以自主支配运用的那部分现金流量。通过定义可以看出,FCFF 是公司支付了所有营运费用、进行了必需的固定资产与营运资产投资后可以向所有投资者分派的税后现金流量,是公司全部所有者所拥有的公司现金流量的总和,包括股东、债券持有人以及优先股股东。因此,公司自由现金流量实际上包括了股本资本(普通股)现金流量、债权人现金流量和优先股现金流量。

一般情况下,可以通过两种方式计算股权自由现金流量 FCFE,即:

第一种:FCFF＝FCFE＋利息费用×(1－税率)＋本金归还－新债发行＋优先股票;

第二种:FCFF＝EBIT×(1－税率)＋折旧－资本支出－营运资本变动,其中 EBIT 是指息税前收益。

2. 公司自由现金流折现模型

通常可以用预期 FCFF 的现值表示公司的价值,即:

$$公司价值 = \sum_{t=1}^{\infty} \frac{FCFE_t}{(1+WACC)^t}$$

在以上计算公式中,

$FCFE_t$——第 t 期公司自由现金流量;

$WACC$——加权平均资本成本。

通过以上分析可以看出,公司自由现金流量的预期增长率(g_{FCFE})是一个对公司价值起决定性作用的因素,而 g_{FCFE} 则是以息税前利润(EBIT)为基础的。因此,我们可以根据 g_{FCFE} 的实际情况,选择戈登模型、二阶段增长模型等简化计算股票价值。

$$g_{FCFE} = g_{EBIT}$$

三、基于现金流量的企业价值评估模型应用评价

(一)股利折现模型与股权自由现金流模型的应用评价

1. 股利与股权自由现金流的差别

一般情况下,一家公司的股利与其股权自由现金流并不相等,产生这种差别的原因表现在以下几个方面。在多数情况下与公司股利是不相等的,其差异主要产生于以下因素。

第一,公司的纳税情况可能造成股利与股权自由现金流的不相等。如果对股利征收的所得税税率高于资本利得的税率,出于避税方面的考虑,公司会倾向于发放相对较少的股利现金,采取低水平分红的股利政策,将股权自由现金流的大部分甚至全部作为再投资,利用寻找新的投资机会提高公司股价,股东可以通过出售股票的方式获得现金收入。

第二,企业融资行为可能造成股利与股权自由现金流的不相等。除了通过债务和股权融资外,企业还可以通过累计留存收益米满足企业投资的需要。因此,当预计有大的投资项目时,企业便会维持一个较低的股利支付率,结余下的现金流量有利于投资过程的完成。

第三,部分法律规定会对公司分配造成影响,进而造成股利与股权自由现金流的不相等。例如,法律要求在分配之前进行有关公积金的提取,这使得公司股利和股权自由现金流存在一定差异。

第四,一定情况下,企业可能为了调节自身经营状况或降低敌意收购风险,而会留存一定的股权自由现金流量,从而造成股利与股权自由现金流的不相等。

第五,企业满足支付流量的需要可能造成股利与股权自由现金流的不相等。实际情况是,股东股利增长容易、下降难,所以就股利总额来讲,股利稳定比波动要好。为了维持股利的稳定,就需要在 FCFE 较大时降低股利支付率,在 FCFE 较小时提高股利支付率。

2. 股利折现模型与股权自由现金流折现模型的比较

从整体上看,股利估价模型与股权自由现金流折现模型存在很多共同之处,二者使用的参数基本相同,最大的区别在于后者以股权自由现金流代替股利,追求稳定现金分红的投资者可能更偏好运用股利折现模型对股权进行估价。

由于有些公司的股权自由现金流呈稳定增长状态,而公司股利却呈非稳定和不规则状态,公司股利有时高于股权自由现金流,有时低于股权自由现金流。这时运用股权自由现金流折现模型对股权进行估价比股利折现模型方便和简化。股权自由现金流折现模型一般比较适合进行中长期投资战略的投资者,使用这种方法进行估价的目标公司不一定必须具有完善成熟的盈利模式,但是其成长性一定要比较好。

但需要注意的是,使用股权自由现金流量折现模型评估企业价值,在很大程度上受财务杠杆的影响,因此通常不会使用股权自由现金流折现模型评估商业银行、保险公司等高杠杆公司的价值。

(二)公司自由现金流贴现模型的应用评价

1. 企业自由现金流和股权自由现金流的差别

企业自由现金流和股权自由现金流存在一定共同之处,但是企业自由现金流是只剔除与债务相关内容的现金流,这是二者之间最显著的区别。与债务有关的现金流主要包括利息支出、本金偿还、新债发行三项内容。如果公司存在最优资本结构,并欲继续保持,那么随着公司权益的增加,公司也要通过发行新债来保持最优资本结构。这样,企业自由现金流将大于股权自由现金流。

2. 股权自由现金流贴现模型与企业自由现金流模型的比较

FCFF 模型相较于股利贴现模型或 FCFE 模型,最显著的不同表现在其评估整体范围上,后两者只是对股权进行估价,而 FCFF 模型则是对整个企业进行估价。但是使用公司自由现金流贴现模型也可以间接对股权进行估价,即用公司自由现金流贴现模型计算出公司的整体价值,而股权的价值则可以用公司的整体价值减去债务的市场价值得出。

基于股权自由现金流对企业价值进行评估,必须充分考虑那些与债务相关的现金流。当公司财务杠杆比率过高或财务杠杆经营发生重大变动时,股权自由现金流波动性较大。此时,要准确计算这些公司的股权自由现金流是相当困难的,有时可能会出现负值。这时,运用股权自由现金流折现模型对公司股权进行估价较为困难。企业自由现金流模型是对整个公司而不是股权进行估价的,所需预计的企业自由现金流是债务偿还前的现金流。与股权自由现金流相比,使用公司自由现金流贴现模型估价不需要考虑与债务相关的现金流,企业自由现金流为负值的情况少,因此,拓宽了现金流折现方法的使用范围。在财务杠杆预期将随时间发生重大变化的情况下,这个好处对于简化计算、节约时间非常有帮助。

但必须清晰地认识到,公司自由现金流贴现模型也存在自身的局限性。使用该模型进行企业股权估价,在间接法下,股权的价值是用整个企业的价值(FCFF 方法)减去债务的市场价值得到的,这需要在外部存在一个完善的资本市场,并且债务能够较为准确地定价。如果公司的债务被高估,则由 FCFF 方法得到的股权价值将比使用股权估价模型得到的股权价值低;相反,如果公司的债务被低估,则公司估价模型得到的股权价值较高。此外,如前述,加权平均资本成本的计算也要考虑很多问题。

第二节　基于 EVA 的企业价值评估

一、EVA 的含义

EVA 是指企业的附加经济价值,也可以解释为资本所增加的经济价或经济增加值等。具体来说,EVA 指标设计的基本思路表现为:理性的投资者都期望自己所投入的资产获得的收益超过资产的机会成本,即获得增量收益;否则,他就会想方设法将已投入的资本转移到其他方面去。

20 世纪 80 年代初,斯特恩·斯图尔特咨询公司提出了 EVA 企业价值评估法,而 EVA 就是指企业资本收益与资本成本之间的差额。具体地说,EVA 就是指企业税后净营业利润与全部投入资本(债务资本和权益资本之和)成本之间的差额。如果这一差额是正数,说明企业创造了价值,创造了财富;反之,则表示企业发生价值损失。如果差额为零,说明企业的利润仅能满足债权人和投资者预期获得的收益。EVA 指标最重要的特点就是从股东角度重新定义企业的利润,考虑了企业投入的所有资本(包括权益资本)的成本,因此它能全面衡量企业生产经营的真正盈利或创造的价值,对全面准确评价企业经济效益有着重要意义。

根据 EVA 的内涵,我们可以得到 EVA 的一般计算公式,即:

$$EVA = 税后净营业利润 - 资本总成本$$

其中,税后净营业利润等于税后净利润加上利息支出部分(如果在税后净营业利润的计算中已扣除少数股东损益,则应加回),亦即公司的销售收入减去除利息支出以外的全部经营成本和费用(包括所得税费用)后的净值。因此,它实际上是在不涉及资本结构的情况下公司经营所获得的税后利润,也即全部资本的税后投资收益,反映了公司资产的盈利能力。资本总成本为全部

投资资本(债务资本和权益资本之和)的成本,计算公式为:

资本总成本＝投资资本×加权平均资本成本率

因此,我们将以上公式综合,可以得到 EVA 的一般计算公式:

EVA＝投资资本×(投资资本回报率－加权平均资本成本率)

二、基于 EVA 的企业价值评估模型

(一)EVA 模型的一般形式

通过公司现金流折现模型可以推导出 EVA 模型,由此可以看出,EVA 模型是以企业整体价值为对象的评估方式。根据现金流折现原理,如果企业的投入资本回报率等于加权平均资本成本(WACC),则企业现金流的净现值为零,这时企业获得的收益恰好等于债权人和股权投资者期望的报酬,这样企业的经济利润为零,企业价值没有增加,还是等于各方投资者原始投入的资本额。如果企业的投入资本回报率大于加权平均资本成本(WACC),则企业的现金流用加权平均资本成本折现后,有正的净现值,企业价值增加。因此,企业价值能否增加取决于企业获得的经济利润。在某一年份内,如果经济利润为零,企业价值没有增加;如果经济利润为正,企业价值增加;如果经济利润为负,则企业价值减少。

使用经济利润折现法(EVA)评估企业整体价值的基本公式为:

企业整体价值＝期初投入资本＋各期经济利润现值

其中,期初投入资本是指企业期初在经营中投入的资本。

(二)EVA 模型的变形公式

实际上,在企业的经营实践过程中,每个阶段的经济利润都可能具有不同特征,以各阶段经济利润的变化规律为依据,可以

分为两阶段或三阶段经济利润折现模型,分别计算经济利润的现值,加上期初投入资本,得到企业整体价值。

两阶段经济利润折现模型:

$$V_0 = IC_0 + \sum_{t=1}^{n} \frac{IC_{t-1} \times (ROIC_t - WACC)}{(1+WACC)^t} +$$

$$\frac{IC_n \times (ROIC - WACC)}{(WACC - g)(1+WACC)^n}$$

三阶段经济利润折现模型:

$$V_0 = IC_0 + \sum_{t=1}^{n_1} \frac{EP_t}{(1+WACC)^t} + \sum_{t=n_1+1}^{n} \frac{EP_t}{(1+WACC)^t} +$$

$$\frac{EP_{n+1}}{(WACC - g)(1+WACC)^n}$$

式中:

IC——投入资本;

$ROIC$——投入资本回报率;

EP——经济利润;

g——稳定状态下的经济利润增长率。

如果设置相同的前提条件,那么使用经济利润折现法与企业现金流折现法得到的企业价值评估结果是相同的。经济利润折现法与企业现金流折现法在本质上是一致的,经济利润能够计量每一年价值是否增加,而公司现金流折现法却做不到。因为任何一年的现金流都受到净投资的影响,加大投资会减少当年的现金流,推迟投资可以增加当年的现金流。投资不是业绩不良的表现,而找不到投资机会反而是不好的征兆。因此,某年度的现金流不能作为计量业绩的依据。管理当局为了改善某一年的现金流而推迟重要投资,可能使企业的长期价值创造受到极大的影响。

经济利润有机地统一了现金流量法和权责发生制,前者是影响企业投资决策的关键因素,后者是企业绩效考核的核心制度,因此,经济利润在企业价值评估中显得尤为重要。在现实经济生活中,投资决策用现金流量的净现值评价,而业绩考核用权责发生制的利润评价,经济利润折现法解决了决策和业绩考评标准不统一的问题。

三、EVA 企业价值评估法的应用评价

(一)EVA 企业价值评估法的适用范围

EVA 模型在企业价值评估上具有很多优点,但需要注意的是,有一些企业并不适用于这种价值评估模型。

(1)周期性企业不适用于 EVA 模型。由于受客观周期的影响,周期性企业的利润波动太大,也可能引起 EVA 数值扭曲。

(2)金融机构不适用于 EVA 模型。金融机构具有法定的资本金比率要求。我国法律规定,商业银行的法定资本充足率要达到 8％。同时,银行如果把贷款额作为资产来使用和计算,其 EVA 值将被扭曲。因此,美国思腾思特公司对中国上市公司的 EVA 排名中并没有将此类金融上市公司列入范围。金融机构通常是用经济资本来替代 EVA 进行价值计量和业绩评价的。

(3)新成立企业不适用于 EVA 模型。新成立企业的利润波动也很大,因此等到企业开始有稳定业务和利润之后再引入 EVA 会保证评估结果更具准确性。

(二)基于 EVA 的企业价值评估模型的优势

首先,EVA 模型扣除了非经常性损益,有利于企业突出主业,注重核心竞争力;其次,EVA 模型考虑了股东资本成本的补偿,有利于管理层重视股东投入的回报;最后,EVA 模型对研究与开发、在建工程等项目进行了调整,有利于企业未来的价值创造。

(三)基于 EVA 的企业价值评估模型的缺点

在 EVA 企业价值评估法的实践中,EVA 的计算过程复杂,

计算方法欠合理、不完善,计算结果准确性欠佳等问题严重影响了模型结果的科学性、严谨性,因此这也在很大程度上影响了EVA 的推广和应用。

第三节　基于价格比率的企业价值评估

一、基于价格比率的企业价值评估的基本含义

基于价格比率的企业价值评估即企业价值评估的市场法。市场法是指利用市场上同样或类似资产的近期交易价格,经过直接比较或类比分析以估测资产价值的各种评估技术方法的总称。企业价值评估中的市场法,是指将评估对象与可比上市公司或者可比交易案例进行比较,确定评估对象价值的评估方法。市场法以系统地涵盖证券市场在内的市场参数为基础,综合考虑企业经营模式、资本结构、盈利能力、核心资产构建成本等因素,为市场交易标的提供价值尺度和价值信息,是资产评估技术的集大成者,也是资产评估市场化属性最直接的体现。作为国际通行的主要估值方法之一,市场法在信息数据量日益丰富的中国资本市场有着良好的应用前景。

目前,由于市场法评估在中国上市公司并购重组中的应用起步较晚,应用范围还较小,需要通过研究来解决市场法的规范应用问题。系统进行市场法理论和方法体系的研究,完善市场法运用规范,消除市场法应用瓶颈,将有助于解决中国特色社会主义市场经济环境下资产评估领域的一系列重大问题,为丰富评估理论体系,进而更好地服务于企业估值定价实践奠定扎实的基础。

二、基于价格比率的企业价值评估模型

(一)市盈率法

1. 市盈率

如果一个企业处于稳定运行状态,可以通过股利折现模型得到其股票价值,即:

$$V = \frac{DPS_1}{r-g}$$

其中

$$DPS_1 = EPS_0 \times 股息支付比率 \times (1+g)$$

因此可以得到以下公式:

$$V_0 = \frac{EPS_0 \times 股息支付比率 \times (1+g)}{r-g}$$

用市盈率来表达可以得到以下公式:

$$\frac{V_0}{EPS_0} = \frac{股息支付比率 \times (1+g)}{r-g}$$

通过以上公式可以计算出根据当前市价和同期净收益计算的市盈率,即为本期市盈率,简称市盈率。若将当前的 EPS_0 换为预期下期的 EPS_1,就可以得到内在市盈率或预期收益率。

$$\frac{V_0}{EPS_1} = \frac{股息支付比率}{r-g}$$

式中,

V_0——股票价值;

DPS_0——初期支付的股利,DPS_1——第一期支付的股利;

EPS_0——初期每股收益,EPS_1——第一期的每股收益;

r——股票的要求收益率;

g——股利增长率。

2. 市盈率模型的运用

通过市盈率法评估企业价值,需要使用以下模型:

目标企业每股价值＝可比企业平均市盈率×目标企业每股收益

该模型假设股票市价是每股收益的一定倍数。每股收益越大,则股票价值越大。同类企业有类似的市盈率,因此目标企业的股权价值可以用每股收益乘以可比企业的平均市盈率计算。

(二)市净率法

1. 市净率

前面已经提到,如果一个企业处于稳定运行状态,可以得到其股票价值,即:

$$V_0 = \frac{EPS_0 \times 股息支付比率 \times (1+g)}{r-g}$$

把股权的收益率或 ROE 定义为 EPS/BV(股权的账面价值),那么可以得到下式:

$$EPS_0 = ROE_0 \times BV_0$$

将以上公式综合,可以得到企业的股权价值如下:

$$V_0 = \frac{ROE_0 \times BV_0 \times 股息支付比率 \times (1+g)}{r-g}$$

用市净率表达,则可以得到:

$$\frac{V_0}{BV_0} = \frac{ROE_0 \times 股息支付比率 \times (1+g)}{r-g}$$

将上式中的初期股权账面价值 BV_0 替换为预期下期的 BV_1,则可以得到内在市净率,或称为预期市净率。

$$\frac{V_0}{BV_1} = \frac{ROE_1 \times 股息支付比率}{r-g}$$

式中,

V_0——股票价值;

BV_0——初期股权账面价值,BV_1——第一期股权账面价值;

ROE_0——初期股权收益率,ROE_1——第一期股权收益率;

r——股票的要求收益率;

g——股利增长率。

2. 市净率模型的运用

通过市净率法评估企业价值，需要使用以下模型：

目标企业每股价值＝可比企业平均市净率×目标企业净资产

该模型假设股票市价是净资产的函数。净资产越大，则股票价值越大。同类企业有相同的市净率，因此目标企业的股权价值可以用每股净资产乘以可比企业的平均市净率计算得到。

（三）收入乘数模型

1. 收入乘数

前面已经提到，如果一个企业处于稳定运行状态，可以得到其股票价值，即：

$$V_0 = \frac{EPS_0 \times 股息支付比率 \times (1+g)}{r-g}$$

其中，可以利用企业的净利润率计算得出 EPS_0，即：

$$EPS_0 = 净利润率_0 \times 每股销售收入_0$$

综合以上公式可以得到企业的股权价值为：

$$V_0 = \frac{净利润率_0 \times 每股销售收入_0 \times 股息支付比率 \times (1+g)}{r-g}$$

用收入乘数来表达，可以得到：

$$\frac{V_0}{每股销售收入_0} = \frac{净利润率_0 \times 股息支付比率 \times (1+g)}{r-g}$$

如果把公式中的每股销售收入换成预期下期的每股销售收入，则可以得到内在收入乘数，即：

$$\frac{V_0}{每股销售收入_1} = \frac{净利润率_1 \times 股息支付比率}{r-g}$$

2. 收入乘数模型的运用

通过收入乘数评估企业价值，需要使用以下模型：

目标企业每股价值＝可比企业平均收入乘数×目标企业的销售收入

在收入乘数模型中,销售收入是最关键的变量,企业价值是销售收入的函数。也就是说,企业的股票价值随着销售收入的增加而增加。既然企业价值是销售收入的一定倍数,那么目标企业的股权价值可以用销售收入乘以平均收入乘数计算得到。

三、基于价格比率的企业价值评估的应用评价

(一)市场法的适用范围

前面已经提到,市场中存在可比资产及其交易活动是使用市场法的重要前提,因为市场法是通过对可比企业进行准确价值判断,然后进行类比分析,从而得出企业价值结果的方法。被评估企业价值评估的准确性在很大程度上取决于市场对可比企业的定价是否合理,这就要求市场具有足够的有效性,也就是说,市场法适用于资本市场发育比较成熟,市场有效性比较强的评估环境中。

使用市场法评估企业价值,评估人员通常会将市场效率作为一个重要依据,评估人员往往根据其对市场效率的判断来决定究竟是选择收益法还是选择市场法。如果评估人员认为资本市场效率欠缺,市场定价存在偏差,这种偏差普遍存在于整个板块乃至整个市场,市场纠正定价偏差需要相当长时间,此时会考虑选择收益法评估企业价值。如果评估人员认为,市场总体而言能够准确定价,只是在个别企业上出现定价偏差时,则会考虑选择市场法来评估企业价值。此外,既然要进行类比分析,因而除了市场的有效性外,运用市场法还必须有足够数量的与被评估企业相同或相似的可比企业,即能够找到足够多的可比企业。

需要注意的是,利用市场法进行企业价值评估应该注重评估结果的时效性,因为股票市场的变化十分频繁。根据相关规定,资产评估机构出具的评估报告,自评估基准日开始,一年内有效,不要说一年的时间,有时几天时间内,股票市场就已经发生了很

大变化,如此一来,评估结果就可能难以得到认同,因而在评估实践中,资产评估机构一般很少采用市场法来评估企业价值。在证券投资领域,投资者、咨询人员需要通过市场比较分析,发现价值相对高估或低估的股票,根据评估结果及时指导投资行为,评估结果的时效性很强,因此市场法成为一种普遍采用的、行之有效的企业价值评估方法。

(二)市场法的局限性

运用市场法进行企业价值评估,一个重要前提是保证有活跃的资本市场,也就是说必须保证资本市场充分有效,或者资本市场接近于有效市场。有效市场是一个充分竞争的市场,所有的市场参与者都是价格的接受者;所有的投资者具有足够的理性,对证券价格的预期基本相同;即使市场上存在非理性的投资者,他们的交易会表现出随机性,其行为也会相互抵消,从而不会造成价格的大规模波动。

此外,市场法是基于价格比率的价值评估模型,运用该模型容易产生"乘数弹球效应",也就是可能加剧市场泡沫的形成。所谓"乘数弹球效应",是指投资者使用估价乘数时,仅仅着眼于市场上的价格乘数,而没有紧密结合企业的基本情况,由此导致估价乘数以及使用估价乘数所得评估值的不断攀升。

第四节 基于资产的企业价值评估

一、基于资产的企业价值评估的含义

基于资产的企业价值评估方法即成本法,这是一种以合理评估企业各项资产价值和负债价值为基础,对企业价值进行科学评估的方法。在许多评估书籍或教材中,还有其他一些名称,如净资产价值法、经调整的净价值法、账面价值调整法、重置成本法等,需要指出的是,这些名称不同的评估方法虽然从评估的技术路径上看归属于成本法,但还是有些区别的,以净资产价值法为例,其评估对象只是针对股东全部权益价值,而成本法的评估对象包括企业整体价值、股东全部权益价值、股东部分权益价值。

二、基于资产的企业价值评估的基本思路

成本法认为,企业价值可以用重建或重置企业所需发生的全部合理费用表示。也就是说,将企业作为一项资产看待,根据替代原则可以得出,任何一个精明的潜在投资者,在购置一项资产时所愿意支付的价格不会超过建造一项与所购资产具有相同用途的替代品所需的成本。采用成本法进行企业价值评估时,必须注意以下几个问题。

(一)以选定的价值类型为基础,保证对企业的全部资产和负债进行价值重估

评估人员选择不同的价值类型,需要评估的内容可能存在一定差别,并且必须保证进行价值评估时包括了企业的所有资产及负债。在许多情形下,企业价值评估人员可能需要不动产评估、机器设备评估或其他评估门类的专家来协助工作。

(二)以选定的价值类型为基础,企业的全部资产和负债将重新体现其价值

如果某一资产科目或某一负债科目无关紧要,或其重估后并无实质性的变动,则评估人员可保留其在资产负债表中的历史成本价值。另外,评估人员可根据资产与负债的项目或类别,对每一个资产或负债项目分别考虑和分析,选择恰当的价值类型。需要指出的是,单项资产评估所采用的价值类型不一定与企业价值评估所采用的价值类型相同,比如,企业价值评估所采用的价值类型为市场价值,而在评估某一机器设备时,由于其不宜整体使

用,只能拆零变现,此时针对该机器设备所采用的价值类型则为残余价值。

(三)将财务报表中资产的历史成本作为评估分析工作的起点

基于公认会计准则的资产负债表反映了资产的历史成本,评估人员基于资产的历史成本,通过进一步评估分析,最终得出评估结果。在形式上,以评估结果为依据的资产负债表通常与以历史成本为依据的资产负债表非常相似(如资产在资产负债表的左列,负债在资产负债表的右列),但在内容上存在着很大的差别:一是以评估结果为依据的资产负债表中的资产与负债科目在评估基准日进行了重估;二是以评估结果为依据的资产负债表可能增加了若干新的资产科目和负债科目。

此外,对企业的资产和负债进行重估时,可能会遇到一些资产负债表中没有体现的重要资产,其中包括企业的许多无形资产,这时必须保证将这一部分也纳入评估价值范围。评估实践中经常遇到的是,许多发挥重要作用的无形资产通常不包括在财务报表的资产负债表中(除入账的购入无形资产外);同时,企业的许多重要负债也没有记录在以历史成本为依据的资产负债表中,如或有负债。这些科目都作为成本法评估内容的一部分,将出现在以评估价值为依据的企业资产负债表中。

三、基于资产的企业价值评估的应用评价

(一)成本法的优势

对于当前我国的市场经济发展阶段而言,成本法这一企业价值评估方法具有很强的适用性。在企业整体转让或股份制改造中运用成本法对企业价值进行评估,能够在确定企业价值的同时获得各项资产的详细价值资料,为企业资产重组或产权交易后进行账务处理提供了重要的指导和依据。特别是在我国国有企业

改造、重组过程中,运用成本法评估企业价值有利于完成对国有资产的全面清查,加强国有资产管理,从而最大限度地减少国有资产流失。面对我国市场经济发展不是很完善的现状,基于资产的企业价值评估方法已成为评估企业价值的一种重要方法,其优越性具体体现在以下几个方面。

1. 成本法可以促使企业价值评估追量提高

运用成本法进行企业价值评估,就需要评估分析人员对企业的运行进行彻底了解,就是将评估工作贯穿于整个评估过程,同时,也需要大量的企业管理人员的积极参与。评估人员大量细致的工作和众多企业人员的关注、配合非常有助于提高企业价值评估的质量。

2. 成本法可以清晰梳理企业各项资产、负债的价值

成本法的本质就是实现企业整体资产的化整为零,根据其选择的适用方法对各项有形资产和无形资产及负债进行价值评估,保证对这些内容的评估既适应它们的各自特点,又具有科学性。这就使得在整个企业价值的评估中,为最终获得企业价值的评估结果,首先需得到企业各项资产和负债的评估价值,这样一来,企业各项资产和负债的评估价值作为企业整体价值评估的中间成果就被分别求出了。

实际上,通过科学准确地评估企业各项资产、负债的价值,可以帮助企业更全面、深刻地了解和掌握自身存在的问题,并基于此分析和解决各种问题,以推动企业更好地发展。第一,各项资产价值准确说明了每一项资产(包括有形的和无形的资产)对企业做出的经济贡献,并能清楚地看出各项资产评估值与账面价值的差异;第二,便于企业并购的融资,在企业并购的交易中,购买方企业要想成功完成并购,往往需要得到银行等融资机构提供的贷款,而银行等融资机构同意融资之前,一般都要了解并购交易中被购买企业的资产、负债等相关信息,运用成本法评估企业价

值恰能向融资机构提供其所需要的信息;第三,便于企业在涉及法律诉讼或争议事项时,能够根据需要分辨出每一个单项资产的价值。

3. 成本法可以帮助使用者理解企业价值评估报告的内容

一般情况下,资产负债表是成本法展现其评估结果的一般形式。对于熟悉基本财务报表的企业、银行的相关工作人员、法官、律师、个人投资者和机构投资者等企业价值评估报告的使用者来说,很容易理解并接受以资产负债表形式出现的企业价值评估结果。

4. 成本法可以促使企业并购交易谈判的顺利推进

在当前这个不断发展且竞争激烈的市场上,企业并购交易成为一种常见的企业运营行为,而运用成本法评估企业价值则可以为企业并购交易参与者提供重要参考。比如在价格谈判中,被并购方提出的交易价格高于成本法评估结果的价格,那么并购方则可以要求对方提供额外资产来补偿成交价较高所带来的损失。相反,如果并购方提出的交易价格低于成本法评估结果的价格,那么被并购方则可以依据成本法评估企业价值得到的各项资产、负债的详细价值资料,质疑对方出价的合理性或更改企业并购的谈判条件。

通过以上分析可以看出,企业的获利能力取决于企业各要素资产的数量、质量、结构以及资产之间的组合方式等,而企业整体价值的高低又取决于企业的综合获利能力,可见企业整体价值与各要素资产的价值密不可分。因此,运用成本法评估企业价值,利用企业各要素资产价值与企业价值之间的内在联系,从重置企业各要素资产的角度评估企业价值是有其内在合理性的。

(二)成本法的不足

从上述分析可以看出,运用成本法评估企业价值具有很多优势,但不可否认的是,成本法在运用中也存在一定不足,使其一般不应作为评估企业价值唯一的方法,应同时运用其他评估方法进行验证。

1. 成本法的应用成本较高

成本法需要对企业所有资产和负债进行价值评估,需要建立在评估分析人员对企业运作及各方面资料充分了解及有关方面人员广泛参与的基础上,因而在实践中如果严格执行成本法往往会花费较多的时间和资金。此外,由于企业资产构成具有复杂性,在运用成本法评估企业价值的过程中很可能需要各种门类的专业评估人员提供专业意见,而聘请专业评估人员的费用也是不小的成本开支。

2. 成本法无法充分反映企业组织资本的价值

组织资本是一种特定组织环境下形成的资本形式,组织资本成员会通过协同工作的方式有效地为相应的组织创造价值。它的形成源于企业的价值观的确立、组织结构和业务流程的合理架构、组织制度的科学制定、客户和公共关系系统的建立等。成本法评估企业价值的过程,实际上是对企业账面价值调整的过程。在资产账面价值的调整过程中,那些虽然也作为企业价值的一部分,却未在资产负债表中体现的组织资本,如企业的管理效率、销售网络等在评估中就很难被加入企业整体价值内。这就使得企业实际的整体价值往往要高于利用成本法评估出来的企业价值。

3. 成本法无法反映企业各单项资产间的整合效应

从成本法的定义中我们就可以看出,成本法是一种通过重置企业各项资产而实现价值评估的方法,也就是以资产负债表上所列的单项资产的成本为出发点,通过将构成企业的各种资产的评估值加总扣减负债评估值求得企业价值。其中,构成企业价值的核心内容就是企业的资产价值。

有时候可能会出现混淆企业价值与企业资产价值概念的情况,实际上二者的内涵并不相同,不可以等同看待。企业价值是指企业作为一个整体,由于具有综合获利能力而体现出来的价值,企业资产价值则仅仅是企业各单项资产价值简单相加。尽管企业的运营需要其所拥有的各种有形和无形资产共同发挥作用,但企业形成的总体获利能力的大小却不仅仅取决于企业所拥有的资产总量,还取决于资产间的工艺匹配度、有机组合方式以及资产的利用效率等。因此,通常情况下企业整体价值与各单项资产价值简单相加的结果一般不等。

成本法是对企业所拥有的各项资产进行价值评估从而进行企业价值评估的评估方式,也就是说企业的各项资产具有可评估性,这是因为企业的流动资产、机器设备、房屋建筑物和无形资产等资产并不是资产的简单堆砌,而是共同为实现企业的经营目标有机地组合在一起,其发挥各自功能,形成了一股合力。正如系统论的系统整合观点所阐述的——"系统整体一般不等于各组成部分之和""系统一般存在整合效应",企业各单项资产价值加和很难反映出企业各单项资产间由于工艺匹配和有机组合等因素可能产生的整合效应。当然,企业各单项资产也并不是总能产生整合效应的,如当企业某些单项资产的功能与企业总体功能不一致,或各资产间工艺不匹配、组合不恰当时,整体资产中就明显存在着生产能力闲置、资源浪费现象,资产就不能全部达到最佳利用效果,从而降低了企业资产的整体获利能力。

第五节　基于期权定价理论的企业价值评估

一、期权的内涵

(一)期权的概念

期权也可以称为选择权,其本质是一种买卖权,也就是在未来一定时期内可以进行买卖的权利。具体来说,期权是指买方通过向卖方支付一定数量的货币后拥有的在未来一段时间内或未来某一特定日期以事先规定好的同等价格向卖方购买或出售一定数量的特定标的物的权利,但不负有必须买进或卖出的义务。

一般情况下,期权买卖双方需要签订合法有效的期权合约使这一权利生效。因此,期权也可定义为:授予买方在未来一段时间内或未来某一特定日期以事先规定好的固定价格向卖方购买或出售一定数量的特定标的物的权利的合约。

1. 执行价格

期权买卖双方会事先规定好特定标的物的购买或出售价格,这个价格就是执行价格,这是一个固定的、实现约定的买卖价格。例如,期权买方买入了看涨期权,在期权合约的有效期内,若价格上涨,并且高于执行价格,则期权买方就有权仍以较低的执行价格买入期权合约规定数量的特定商品,而期权卖方也必须无条件地以较低的执行价格履行卖出义务。

2. 权利金

权利金是期权的价值,同时也是期权的成本,权利金有时也会被称作"期权费""期权金""期权价格"。权利金是期权合约中唯一的变量,是期权的买方为获取期权合约所赋予的权利而必须支付给卖方的费用,由买卖双方在国际期权市场公开竞价形成。在买卖期权合约开始时,买方就必须支出权利金。

3. 合约到期日

合约到期日是期权买卖双方事先规定好的日期期限,只有在合约到期日当天及之前,持有标的物买卖权利的买方才可以行使其买卖权利,超过到期日意味着合约失效,即期权买方不能再行使权利。合约的有效期限可按周、季度、月以及年等不同类型划分。

4. 标的资产

标的资产是指期权买方选择购买或出售的资产。标的资产包含的内容十分丰富,如股票、政府债券、货币、股票指数、商品期货等都可以成为标的资产。

(二)期权的特点

期权是一种买卖权利,同时也是一种基于期货的金融工具,其主要特点包括以下几个方面。第一,期权的交易对象是一种权利,即买入或卖出特定标的物的权利,但并不承担一定要买入或卖出的义务,期权合约至少涉及购买人和出售人两方。第二,这种权利具有很强的时效性,超过规定的有效期限,期权合约将自动失效。第三,期权合约中买者和卖者的权利和义务是不对称的。期权买方在有效期内可以自愿随时行权,而买方一旦行权,卖方除了履行合约之外别无选择。第四,期权具有杠杆效应。对于看涨期权的买者来说,其所承担的风险是有上限的,仅限于其所付出的期权费,而只要价格上涨超过行权价格,其可能获得的收益就是无限的,即可用有限的期权费杠杆撬动无限的收益。

二、布莱克—斯科尔斯期权定价模型

实际上,在布莱克—斯科尔斯模型出现以前已经形成了其他期权定价模型,但是布莱克—斯科尔斯模型相较于那些定价模型更科学,因为该模型只依赖于可观察到的或可估计出的变量,从而使模型避免了对未来标的资产价格概率分布和投资者风险偏好的依赖,投资组合的收益完全独立于标的资产价格的变化。在无套利情况下,期权价值应等于购买投资组合的成本,即期权价值仅依赖于标的资产价格的波动程度、无风险利率、期权到期时间、执行价格、标的资产现价,上述几个变量除标的资产价格波动量外都是可以直接观察到的,而对标的资产价格波动量的估计也比对标的资产价格未来期望值的估计简单得多。正因为如此,布莱克—斯科尔斯模型成为一种实用的期权定价方法,并引发此后期权市场和整个衍生金融工具交易的飞速发展。

(一)不考虑红利的期权定价模型

1973年,费希尔·布莱克(Fischer Black)和迈伦·斯科尔斯(Myron Scholes)首次发表关于期权估值一般化均衡解的文章,在这篇文章中就提出了布莱克—斯科尔斯模型,他们提出这是一个可以评估股票的欧式看涨期权价值的模型。

使用布莱克—斯科尔斯模型进行期权估值,需要满足一定前提条件,这主要包括:股票不支付股利;交易成本和税收为零;股票收益率的方差和无风险利率在期权有效期内为常数;标的资产价格服从对数正态分布;所讨论的期权为欧式期权;投资者能以相同的无风险利率自由借贷。

布莱克—斯科尔斯欧式看涨期权的定价模型如下。

$$C = S \cdot N(d_1) - Ke^{-rt} \cdot N(d_2)$$

$$d_1 = \frac{\ln\left(\frac{S}{K}\right) + \left(r + \frac{\sigma^2}{2}\right) \cdot t}{\sigma \sqrt{t}}$$

$$d_2 = d_1 - \sigma \sqrt{t} = \frac{\ln\left(\frac{S}{K}\right) + \left(r - \frac{\sigma^2}{2}\right) \cdot t}{\sigma \sqrt{t}}$$

式中,

C——看涨期权的价值;

S——标的资产的当前价格;

K——期权的执行价格;

$N(d_1)$、$N(d_2)$——正态分布随机变量值小于或等于d_1、d_2的概率;

r——无风险利率;

t——期权到期的时间,以年为单位;

σ^2——标的资产价格变化的方差;

Ke^{-rt}——执行价格的现值。

在布莱克—斯科尔斯期权定价模型中,$S \cdot N(d_1)$代表资产的期望价值,$Ke^{-rt} \cdot N(d_2)$代表资产的期望成本,因此期权价值就是期望价值与期望成本之差。

从以上期权价值评估模型中可以看出,有哪些变量会对看涨期权价值产生影响,这些变量主要包括:期权的执行价格 K,股票的当前价格 S,股票价格变化方差 σ^2,期权到期时间 t,无风险利率 r。看涨期权的价值与股票的当前价格 S、股票价格变动的方差 σ^2、期权到期时间 t、无风险利率 r 呈同方向变化,而与期权的执行价格 K 呈反方向变化。

运用布莱克—斯科尔斯模型评估期权价值时要满足一个重要前提,即期权的到期期限、无风险利率、股票价格变动方差具有相同的时间单位,或者三个参数的单位同为日、周、月、年,在实践中,以年为时间单位是最常见的。就股票价格变化方差而言,以日为时间单位的方差可以转换为以年为时间单位的方差,公式如下:

$$\sigma^2_{年} = \sigma^2_{日} \times 年交易天数$$

从以上分析可以看出,在布莱克—斯科尔斯模型中,期权是由标的资产与无风险资产动态复制得到的,因此模型评估出的期权价值可以完全反映在标的资产的价格波动上。实际上,该模型暗含这样的推论,即期权价值不依赖于标的资产的期望收益,也不依赖于投资者的风险偏好,仅仅取决于给定的外生变量。布莱克—斯科尔斯期权定价模型的提出,使复杂的期权定价问题变得十分简单,并且得到了实证研究的有力支持。该模型具有良好的应用性,可以广泛应用于企业价值评估、企业债务定价、企业投资决策分析中。

具体来说,评估人员应用布莱克—斯科尔斯模型评估企业的期权价值,会按照以下步骤进行。首先,利用所需的数据求解 d_1、d_2;其次,利用标准正态分布函数的参变量,求出正态分布累计概率密度 $N(d_1)$、$N(d_2)$ 的值;再次,计算出期权执行价格的现值 Ke^{-rt};最后,运用期权定价公式计算看涨期权的价值 C。

(二)考虑红利发放的期权定价模型

以上对布莱克—斯科尔斯模型的分析,是指不考虑股票红利因素的情况,但在实践中期权基本上都会在一定程度上受红利的影响。红利的发放会降低股票的价格,如果执行价格没有作相应调整的话,那么股利发放将会降低看涨期权的价值,而提高看跌期权的价值。

当期权的有效期比较短(不到一年)时,可以估计期权有效期内期望股票红利的现值,并从资产的现价中扣除,得出经红利调整后的资产现价,以此作为布莱克—斯科尔斯模型中的 S。我们可以通过实例分析更好地理解考虑红利情况下的期权价值评估。

假设,某企业股票的看涨期权执行价格为 45 美元,有效期为 4 个月。股票当前交易价格为 50 美元。根据以往股票价格估算,该企业股票价格变动比率的方差为 0.06。在期权有效期内有一次红利,数额为 0.56 美元,预计发放时间为 2 个月之后,无风险利率为 0.0521。计算该看涨期权的价值。

期望红利价值的现值 $= 0.56 \div (1+0.0521)^{2/12} = 0.5553$(美元)

经过红利调整的股票价格 $S = 50 - 0.56 = 49.44$(美元)

执行价格 $K = 45$(美元)

股票价格变动比率的方差 $\sigma^2 = 0.06$

到期时间 $t = 4/12$(年)

无风险利率 $r = 0.0521$

将以上数据套入布莱克—斯科尔斯模型进行计算,可以得到以下结果。

$$d_1 = \frac{\ln\left(\dfrac{S}{K}\right) + \left(r + \dfrac{\sigma^2}{2}\right) \cdot t}{\sigma \sqrt{t}}$$

$$= \frac{\ln(49.44 \div 45) + (0.0521 + 0.06 \div 2) \times 4/12}{\sqrt{0.06 \times 4/12}}$$

$$= 0.8072$$

将结果比对正态分布累计概率密度表,可以得到:

$$N(d_1) = 0.7901, N(d_2) = 0.7472$$

由此可以得到看涨期权的价值:

$$C = S \cdot N(d_1) - Ke^{-rt} \cdot N(d_2)$$
$$= 49.44 \times 0.7901 - 45 \times e^{-0.0521 \times 4/12} \times 0.7472$$
$$= 6.02(\text{美元})$$

当期权的有效期比较长(在一年以上)时,如果在期权有效期内,标的资产每年可获得的红利收益率(红利/资产当前价格,用 y 表示)预计保持不变,则可以通过调整布莱克—斯科尔斯模型来考虑红利的影响,模型变形为:

看涨期权的价值

$$C = S \cdot e^{-yt} \cdot N(d_1) - Ke^{-rt} \cdot N(d_2)$$

$$d_1 = \frac{\ln\left(\frac{S}{K}\right) + \left(r - y + \frac{\sigma^2}{2}\right) \cdot t}{\sigma\sqrt{t}}$$

$$d_2 = d_1 - \sigma\sqrt{t} = \frac{\ln\left(\frac{S}{K}\right) + \left(r - y - \frac{\sigma^2}{2}\right) \cdot t}{\sigma\sqrt{t}}$$

以上模型为考虑红利发放的布莱克—斯科尔斯模型,经过修正的模型主要有两个重要功能。第一,考虑了因为红利的支付而造成的价值的下降,资产的价值按照红利收益折现得到现在的价值;第二,利息率部分地被红利收益所抵消,反映了股票(在复制的投资组合中)持有成本因此而降低。

第三章　企业融资

企业融资是以企业的资产、权益和预期收益为基础，筹集项目建设、营运及业务拓展所需资金的行为过程。企业的发展，是一个融资、发展、再融资、再发展的过程。一般企业都要经过产品经营阶段、品牌经营阶段及资本运营阶段。随着现代企业自身的不断发展，企业与社会专业机构协作，解决企业自身问题的现象越来越普遍。会计师事务所、律师事务所、财经公关、融资顾问等专业机构的出现，为企业发展的各个阶段提供专业化服务。随着社会分工的不断细化，企业发展也从此走上了一条规范化的道路。本章即对企业的融资方式进行分析，具体包括企业内部融资、权益性融资和负债性融资、租赁融资和项目融资、P2P融资以及供应链融资等内容。

第一节　企业内部融资

一、内部融资概述

根据资金来源，融资方式分为内部融资和外部融资。内部融资又称"内源融资"，是企业从内部筹措资金的一种方式。

内部融资主要包括企业设立时，股东投入的股本、折旧基金以及各种形式的公积金、公益金和未分配利润等留存收益，还包括企业应发放但暂未发放的股票股利（即应付股利）。

内部融资的主要源泉是企业的盈利。在资本运作特别是并购中,企业很少将内部融资作为融资的主要方式。

使用内部融资方式筹集并购资金,其最大的优点在于使用自有资金融资的成本较低。但这种方式对企业的经营状况、财务状况都有很高的要求。

二、内部融资的特征

内部融资具有如下四个特征。

(一)自主性

内部融资的资金来源是企业的自有资金,企业在使用上具有较大的自主性,受外界因素的制约和影响较小。

(二)低成本性

由于其以权益资金为主,不需要实际对外支付利息或者股息,不会给公司带来不能偿付的风险,融资风险低。

(三)有限性

内部融资的可能性受企业自身积累水平的影响,融资规模受到较大限制。

(四)低风险性

由于其低成本性,内部融资不会增加企业的财务负担,也不会使企业资金运作受到阻碍,同时由于没有到期必须还本付息的硬约束,不会发生支付危机,故发生破产的风险大大降低。

第二节 权益性融资和负债性融资

一、权益性融资

(一)权益融资的概念

权益融资是指向其他投资者出售公司的所有权,即用所有者的权益来交换资金。这将涉及公司的合伙人、所有者和投资者之间分派公司的经营和管理责任。权益融资可以让企业创办人不必用现金回报其他投资者,而是与它们分享企业利润并承担管理责任,投资者以红利形式分得企业利润。权益资本的主要渠道有自有资本、朋友和亲人或风险投资公司。为了改善经营或进行扩张,特许人可以利用多种权益融资方式获得需要的资本。

权益融资不是贷款,不涉及偿还问题,经过权益融资后,权益投资者成为企业的所有者之一,他们的投资回报主要体现在股利上,权益投资者往往通过买卖股票收回投资的资金,同时获得可观的利润。

权益融资的风险比较高,所以权益投资者对所要投资的企业有非常高的期待,最终能够如愿得到权益投资者投资的企业往往是那些商业机会独特、成长潜力大、管理好的企业。不具备这些条件的企业很难得到投资者的信任,所以很难顺利获得投资,权益融资计划难以顺利实施。对于一些新创立的企业来说,创业者一般都缺乏丰富的融资经验,他们对权益投资者的要求和投资的条件不了解,所以因达不到投资者的标准而被拒绝投资后往往会丧失信心。如果他们了解权益投资者所要求的投资标准,并向这个标准努力,再加上好的商业建议,那么就能大大提高权益融资的成功率。

（二）权益融资的特点

（1）企业通过权益融资的渠道筹措的资金是永久的，没有时间期限，也不需要偿还。

（2）企业通过权益融资的渠道筹措资金后，不用考虑按期偿还本金、支付利息，至于什么时候给权益投资者支付股利以及支付多少股利，最终由项目投产运营后取得的实际效果决定。所以说企业项目法人的财务压力相对较小。

（3）权益融资是企业和项目法人最基本的资金来源，是企业其他融资方式的基础，企业能否成功通过权益融资而筹措资金，与项目法人的实力、项目的潜力及发展前景有直接的关系。

（4）权益融资成本较高。

（5）权益融资易发生企业控制权转移。

（三）权益融资的形式

企业进行权益融资的形式按照企业的发展进程来讲，通常会分为四种。

1. 天使投资

"天使投资"（Angel Investment）一词起源于纽约百老汇的演出捐助。"天使"这个词是由百老汇的内部人员创造出来的，被用来形容百老汇演出的富有资助者，他们为了创作演出进行了高风险的投资。

天使投资是自由投资者或非正式风险投资机构对原创项目构思或小型初创企业进行的一次性的前期投资，天使投资是风险投资的一种，是一种非组织化的创业投资形式。

天使投资是风险投资的先锋。当创业设想还停留在创业者的笔记本上或脑海中时，风险投资很难眷顾它们。此时，一些个体投资人如同双肩插上翅膀的天使，飞来飞去为这些企业"接生"。投资专家有个比喻，好比对一个学生投资，风险投资公司着眼大学生,机构投资商青睐中学生,而天使投资者则培育萌芽阶段的小学生。

2. 风险投资

风险投资(Venture Capital,VC)又称为"创业投资",主要是指向初创企业提供资金支持并取得该公司股份的一种融资方式。风险投资是私人股权投资的一种形式。风险投资公司为专业的投资公司,由一群具有科技及财务相关知识与经验的人组合而成的,经由直接投资被投资公司股权的方式,提供资金给需要资金者(被投资公司)。创投公司的资金大多用于投资新创事业或未上市企业(虽然现今法规上已大幅放宽资金用途),并不以经营被投资公司为目的,仅提供资金及专业上的知识与经验,以协助被投资公司获取更大的利润,所以是一种追求长期利润的高风险、高报酬事业。

3. 私募股权融资

私募股权融资有广义和狭义之分。

广义的私募股权投资是指通过非公开形式募集资金,并对企业进行各种类型的股权投资。这种股权投资涵盖企业首次公开发行前各阶段的权益投资,即对处于种子期、初创期、发展期、扩展期、成熟期和 Pre-IPO 各个时期企业所进行的投资,以及上市后的私募投资(如 Private Investment In Public Equity,PIPE)等。

狭义的私募股权投资主要指对已经形成一定规模的,并产生稳定现金流的成熟企业的私募股权投资部分,即创业投资后期的私募股权投资部分。

私募股权投资通常以基金方式作为资金募集的载体,由专业的基金管理公司运作,像我们熟知的凯雷集团、KKR、黑石集团和红杉资本等国际知名投资机构就是私募股权投资基金的管理公司,旗下都运行着多只私募股权投资基金。

4. 首次公开募股融资

首次公开募股(Initial Public Offerings,IPO),是指企业透过证券交易所首次公开向投资者增发股票,以期募集用于企业发展资金的过程。当大量投资者认购新股时,需要以抽签形式分配股票,又称为抽新股,认购的投资者期望可以用高于认购价的价格售出。

对应于一级市场,大部分公开发行股票由投资银行集团承销而进入市场,银行按照一定的折扣价从发行方购买到自己的账户,然后以约定的价格出售,公开发行的准备费用较高,私募可以在某种程度上部分规避此类费用。在上市的初期股份通常都会上扬,不少创办人都在一夜间成了百万富翁。而受惠于认股权,雇员也赚取了可观的收入。在美国,大部分透过IPO集资的股票都会在纳斯达克市场内交易;而在中国,大部分中小企业透过IPO集资的股票都会在深圳证券交易所的中小企业板或创业板挂牌上市。

二、负债性融资

(一)负债融资的概念

负债融资是指通过负债方式筹集各种债务资金的融资形式。

(二)负债融资的特点

(1)筹集的资金具有使用期限,需要到期偿还。

(2)不论经营好坏,需要按时支付债务利息,从而形成企业固定的负担。

(3)其资本成本一般比普通股融资成本低,并且不会分散投资者对企业的控制权。

（三）负债融资的形式

1. 贷款

贷款即银行借款，是企业资金的主要来源。贷款主要由商业银行提供，有时也会有保险公司等其他非银行金融机构参与。银行贷款主要由商业银行根据国家的信贷政策，以一定的利率将资金贷给合格的资金需求者，并约定期限要求归还本息的一种经济行为，是企业最主要的融资渠道。企业只有满足商业银行的资质要求和贷款条件，才能获得银行贷款。

贷款作为企业资金的主要来源，自然有它自身的优势，主要表现为以下几点。

第一，对于企业来说，贷款是融资成本相对较低的一种融资方式。企业从银行贷款，承担的风险较小，当然银行的收益率也比较低。

第二，企业从银行申请商业贷款后，银行放款的程序相对简单，一旦审核通过，企业在较短的时间内就能获得资金。所以，和企业债券发行、股票上市等相比，贷款可以使企业节省融资费用。

第三，企业获得银行贷款后，可以投资项目，使企业经营项目成功运转起来，还可以进行其他投资活动，如企业兼并、收购等。

贷款也有不足之处，具体表现为以下两点。

第一，企业要从银行贷款，就必须将自己的经营状况、财务状况向银行公开。企业获得银行贷款后，其经营管理一定程度上会受到银行的牵制。

第二，资产抵押、担保等是企业成功获得银行贷款的主要条件，这样企业今后要再融资就比较困难了。

2. 债券

债券是签发者承诺按一定利率和一定日期支付利息，并在特定日期偿还本金的书面债务证明。债券是一种有价证券，是金融市场上常见的金融工具。

3. 售后回租

售后回租包括两个步骤：先由公司将其不动产或设备出售给租赁方，然后由租赁方把该不动产或设备出租给公司使用。这个过程的本质是公司以售后回租的方式获得一笔抵押贷款，公司仍享有对财产的所有权；作为贷款的担保品，放款人（租赁方）则享有对该财产的留置权。

第三节　租赁融资和项目融资

一、租赁融资

(一)租赁融资的运作模式

租赁融资通常称为"融资租赁"，也称"金融租赁"或"购买性租赁"。它是目前国际上最普遍、最基本的非债务性融资形式之一。

1. 融资租赁的运作模式

承租人向出租人提出关于所要租赁物件的相关要求，出租人根据这些要求选择适宜的供货人，向供货人购买租赁物件，然后向承租人出租这些物件，承租人分期支付租金。在租赁期内，出租人拥有租赁物件的所有权，承租人拥有使用权。在租期结束后，承租人要根据租赁合同给出租人支付完所有租金，此时租赁物件的使用权不再归承租人所有。虽然在融资租赁交易中，物件的购买者是出租人，但对于物件的供货人、物件的特定要求等都是由承租人提出的。也就是说，承租人参与了购买设备过程中包含实质性内容的环节,承租人实质上是租赁物件的购买人。

2. 融资租赁业属于新型金融产业

融资租赁是集融资与融物、贸易与技术更新于一体的新型金融产业,租赁公司是非银行金融机构,由国家批准。融资租赁最显著的特点就是融资与融物相结合,如果在交易中出现问题,租赁物可由租赁公司回收处理。租赁融资形式对中小企业比较适用。和银行贷款的负债融资方式相比,这一融资方式对企业的资产规模、担保等要求都比较低一些。而且这属于表外融资中的一种形式,不直接从企业的资产负债表中体现出来,对企业后续的融资、经营等都不会造成很大的影响。

3. 融资租赁是一种特殊的金融工具

融资租赁计算租金的方式不同于传统租赁,它主要以承租人占用融资成本的时间来计算,而不是以承租人租赁物件的时间计算。

由于租赁物件的所有权只是出租人为了控制承租人偿还租金的风险而采取的一种形式所有权,在租赁合同结束时有可能转移给承租人,所以要由承租人选择购买什么样的租赁物件,承租人也要负责对物件的维修保养,出租人只提供金融服务。从本质上来说,融资租赁这种特殊的金融工具与金融交易方式是以传统租赁为依附的。

(二)融资租赁的种类

1. 简单直接融资租赁

由承租人选择需要购买的租赁物件,出租人通过对租赁项目风险评估后出租租赁物件给承租人使用。在整个租赁期间承租人没有所有权但享有使用权,并负责维修和保养租赁物件。出租人对租赁物件的好坏不负任何责任,设备折旧在承租人一方。

2. 杠杆融资租赁

具体做法类似银团贷款,是一种专门做大型租赁项目的有税收好处的融资租赁,通常由一家租赁公司牵头作为主干公司,为一个超大型的租赁项目融资。首先成立个脱离租赁公司主体的操作机构——专为本项目成立资金管理公司并提供项目总金额20%以上的资金,其余部分资金来源则主要是吸收银行和社会闲散游资,利用100%享受低税的好处、"以二博八"的杠杆方式,为租赁项目取得巨额资金。其余做法与简单融资租赁基本相同,只不过合同的复杂程度因涉及面广而随之增大。一般用于飞机轮船、通信设备和大型成套设备的融资租赁。

3. 委托融资租赁

第一种方式是拥有资金或设备的人委托非银行金融机构从事融资租赁,第一出租人同时是委托人,第二出租人同时是受托人。第二出租人接受委托人的资金或租赁标的物,根据委托人的书面委托,向委托人指定的承租人办理融资租赁业务。在租赁期内租赁标的物的所有权归委托人,出租人只收取手续费,不承担风险。这种委托租赁的一大特点就是让有资金而没有租赁经营权的企业可以"借权"经营。

第二种方式是出租人委托承租人或第三人购买租赁物,出租人根据合同支付货款,又称委托购买融资租赁。

4. 项目融资租赁

承租人以项目自身的财产和效益为保证,与出租人签订项目融资租赁合同,出租人对承租人项目以外的财产和收益无追索权,租金的收取也只能以项目的现金流量和效益来确定。出卖人(即租赁物品生产商)通过自己控股的(或合作经营的)租赁公司通过这种方式推销产品、扩大市场份额。通信设备、大型医疗设备、运输设备甚至高速公路经营权都可以采用这种方法。

其他还包括返还式租赁，又称售后租回融资租赁；融资转租赁，又称转融资租赁等。

任何融资租赁都有风险，主要包括：(1)产品市场风险，主要来源于市场变化；(2)金融风险，特别是国际支付、汇款渠道和汇率风险；(3)贸易风险，来源于订货谈判到试车验收全过程，如信用证支付、运输保险、商品检验风险；(4)技术风险，包括技术的先进与否、技术是否成熟可靠等。

(三)融资租赁租金的计算

出租人以租赁物件的购买价格为基础，按承租人占用出租人资金的时间为计算依据，根据双方商定的利率计算租金。全部租金等于购买租赁物件的购置成本加上租赁期的租赁融资利息，根据笔者的运作经验看，融资租赁的年利率大约在租赁物件购置成本的 10%～16%。

二、项目融资

(一)项目融资的历史发展演变

项目融资是指贷款人向特定的工程项目提供一年以上的借贷资金，以项目营运收益承担债务偿还责任的融资形式，项目融资属于债务融资范畴。准确地说，项目融资是指借款人以建设项目的名义筹措资金，并以该项目预期现金流量和未来收益、自身财产及所有者权益承担债务或担保并作为偿还贷款资金来源的一种融资方式。实质上，贷款人对于该项目所产生的现金流量享有偿债请求权，而该项目资产作为附属担保以控制贷款人的信贷风险。

项目融资始于 20 世纪 30 年代美国油田开发项目，后来逐渐扩大到天然气、煤炭、金属矿产资源开发，近 30 年已经广泛应用到基础设施领域。狭义的项目融资通常以项目本身建成投产的现金流量作为还款保证来融资，不需要以投资者的信用或有形资产作为担保；贷款的发放对象是项目公司，它是专门为项目融资和经营而成立的。对于政府的项目经常有政府担保，贷款会更容易。

（二）项目融资的方式

1. 直接项目融资

直接项目融资是以项目名义由项目的投资者直接向境内银行等金融机构申请贷款，取得一年以上信贷资金，按照贷款协议由项目投资者直接偿还贷款和利息的融资方式。无论项目本身成败或是否项目能按期偿还贷款，都由项目投资者来偿还项目贷款。

项目建设由投资者设立内部的项目建设管理机构实施建设管理，建成后由投资者负责生产经营、产品销售、还本付息责任。这是企业采用最多的最普通、最简单的项目融资方式，通常需要项目以外的资产或第三方抵押担保。尽管投资者向金融机构贷款是用于项目，但是债务人是投资者而不是项目，整个投资者的资产都可能用于提供担保或偿还债务。也就是说，债权人对债务有完全的追索权，即使项目失败也必须由项目投资者还贷。

广义地讲，投资者向金融机构贷款是企业项目融资的一种最基本的直接融资方式，即企业在项目建设中并不单独成立项目公司，而是由企业组建项目管理部门直接运作项目。在此情况下往往由企业作为投资者向银行贷款，投资者向金融机构贷款就成了最主要的、普遍性的项目融资方式。

从狭义上讲，项目融资多指间接融资的特殊运作模式，一般不包括项目投资者直接向银行贷款方式，进而实施自己公司本身的投资项目。

2. 间接项目融资

间接项目融资是投资者(母公司)设立项目公司,并由项目公司承担项目融资、项目建设、生产经营、产品销售、还本付息责任。通过项目公司融资又分为以下三种类型。

(1)设立单独的项目子公司

由单一投资者设立项目子公司作为投资载体,与投资者直接融资的区别是一切融资、建设和经营、还款都通过项目子公司运作,母公司为其提供项目资本金和信用担保。

(2)设立特殊目的子公司并与其他投资者合资设立项目公司

特点是特殊目的子公司代表投资者(母公司)出资,并在合资项目公司中承担项目的主要经济责任,因其属于中间过渡公司,金融机构往往也要求母公司为其提供项目资本金和融资信用担保。

(3)多个投资者共同组建项目公司

特点是根据股东合资协议组建项目公司,各方注入一定的股本金。项目公司作为独立经营者承担项目融资、项目建设、生产经营、产品销售、还本付息责任,投资各方不再为项目公司提供其他信用担保。

3. 基金融资和国际金融机构融资

境外基金融资方式是基金管理机构向中国境内的企业及其投资项目提供长期融资,另外,境外大型金融机构和所组银团也向中国企业提供特定项目或特定用途的长期贷款。

第四节　P2P 融资

近年来,P2P 网贷作为一种新生事物和新兴业态在国内得到了空前快速发展,许多企业尤其是中小企业通过此类网络平台融资成功。

一、P2P 商业模式

P2P 融资(Peer-to-peer Lending and Online Invest)即"点对点的信贷"或"个人对个人的信贷",是指在企业或个人借贷过程中,资料、资金、合同及手续等全部通过网络实现。P2P 融资本质上是连接个人资金借贷双方的第三方网络平台,是与互联网、小额信贷等创新技术、创新金融模式紧密相关的新型借贷形式,具有准入门槛低、简便快捷等优势。以平台性质及参与交易的机构的不同为依据,可以将 P2P 商业模式划分为以下几种类型。

(一)纯平台模式

这是 P2P 融资的原生模式,P2P 平台具有中介性质,这也能够从纯平台模式中反映出来。作为贷款服务机构,平台的主要工作是为借贷双方互动信息提供便利,并进行资金结算等。平台不负责担保工作,借贷违约风险也不由平台承担,平台只收取服务费。

(二)保本保息模式

平台向出借方提供还付本息保证的模式即保本保息模式。在这一模式中,平台负责担保工作。现阶段,P2P 平台将担保机制引入其中,负责担保工作,收取风险准备金。风险准备金是平台向借款人收取的,发生在借款人收到贷款之后,平台收取风险准备金的数额与借款人的贷款数额有关。风险准备金的主要作用是,一旦借款人违约,则以风险保证金来保障出借人将本息收回。如果平台向出借人和借款人明确说明以风险准备金作为出借人收回本息的保障,那么这与上面所讲的纯平台模式无异,风险准备金相当于借款人交给平台的融资成本;但如果平台没有明确说明关于风险准备金的来源和使用情况,即平台没有明确说明自身的资金与风险准备金的界限(没有明确风险的责任由谁承担),那么就意味着平台将提供贷款担保服务。

(三)标准产品模式

小额贷款公司和担保机构通过 P2P 平台向投资人线上转让标准理财产品(自己的债权或担保的债权),投资者受让的债权依然可以流通于二级市场。法律关于理财产品的销售是有严格规定的,标准产品模式借助 P2P 平台规避了这个规定,属于监管套利。

(四)债权转让模式

由宜信公司独创的债权转让模式也是 P2P 商业模式之一,指借款人在宜信公司网站上发布借款需求,获得批准后,与宜信公司有合作关系的第三方向借款人发放贷款,并将债权转让给投资人,也就是出借人。严格来说,这不属于 P2P 融资模式,因为宜信公司只是借助网络平台寻找"潜在借款人",而不是为借款人和投资人提供信息平台,而且贷款的核心流程并不是在线上完成的,而是在线下进行的,如放款、还款以及转让债权等。

大多数 P2P 产品都同时涉及两种或两种以上的模式,存在模式交叉现象,上面只是以各类模式运营的显著特点为依据而划分的几种不同模式类型,这些模式相对独立,但每种模式完全孤立存在的现象并不多。

二、P2P 网贷具体产品及运行模式

(一)拍拍贷

2007 年成立于上海的拍拍贷是我国第一家 P2P 小额无担保网络借贷平台。这个平台的运作采用纯线上模式,主要功能是提供信息匹配平台和工具支持、服务,具有中介性质。

1. 拍拍贷的产品

(1)借款产品

针对不同类型的借款人提供不同的借款产品,不同借款产品的区别主要从借款利率、借款额度和投标时间等各个方面体现出来。拍拍贷常见的借款标有以下几种类型(根据借款群体的不同而划分)。

第一,普通借款标。中国大陆公民身份,年龄在21—55周岁之间,收入稳定,这是普通借款标面向的主要对象。申请人提交相关的证明性材料,绑定手机号,便可以获得3 000元到50万元的贷款。这是一年期贷款,利率不高于24%,借款人还本付息可通过银行完成,也可通过第三方支付平台完成。借款交易成功后,收取2%(借款期限最多半年)或4%(借款期限超过半年)的手续费。

第二,网购达人标。中国大陆公民身份,年龄在21—55周岁之间,收入稳定,最近三个月中至少有两个月每月用支付宝购物的支出金额都在500元及以上。申请人将拍拍贷账号与支付宝实名关联,并提交相关信息与证明性文件。这类借款标的借款额度、利率和还款方式与上一类借款标无异。

第三,应收安全标。拍拍贷平台针对投资人推出了应收安全标这一产品,额度与其信誉有直接的关系。

第四,网商用户标。网商用户标是面向网商卖家提供的产品,这款产品主要在网店进货、资金周转、参加活动等方面发挥作用。这一产品的特点是借款手续简便,可优先审核,这也是其与其他借款标相比所具有的优势。申请借款的网店应具备的条件是店铺等级2钻以上或商城经营时间至少半年,借款额度的多少依店铺经营情况而定。

第五,私营企业主标。这类借款标主要面向私营企业,企业申请贷款应具备的条件是有效营业执照满一年,能提交相关资质证明(包括央行征信报告)。

第六，莘莘学子标。莘莘学子标是拍拍贷提出的一款助学产品，主要面向的是在校大学生。在校大学生要满足的条件是，中国大陆公民身份，年龄在 19—25 周岁之间，能提供相关证明材料，经过学籍认证等。满足这些条件的大学生可申请 1 000 元贷款，期限 7 个月，年利率为 23％。成功申请贷款后，拍拍贷将收取 4％的服务费，但大学生还清贷款后，这部分服务费也会退还。大学生若要续借，则必须先将之前的贷款还清。

（2）投资产品

投资者（出借人）既可以投资单个项目，也可以使用拍拍贷平台的多样化投资产品。比较典型的自动投资产品是 2014 年诞生的"拍拍宝"和"拍小宝"。

"拍拍宝"：投资人可按照事先确定的预期收益率自动投资拍拍贷平台上的借款标。只要在使用期内，投资人通过自动投资所产生的回款（本息）将继续自动投资，直至使用期结束。使用期结束后，拍拍宝将通过债权转让平台帮助投资人转让债权。成功转让后，投资人收回投资本金和收益（图 3-1）。

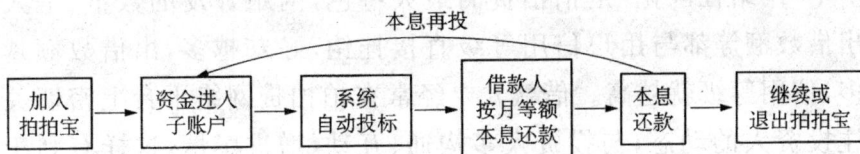

本息再投

加入拍拍宝 → 资金进入子账户 → 系统自动投标 → 借款人按月等额本息还款 → 本息还款 → 继续或退出拍拍宝

图 3-1　拍拍宝的运行模式

"拍小宝"：投资人可以按照事先确定的预期收益率自动投资拍拍贷平台上的借款标。只要在使用期内，则通过自动投资所产生的本息回款将返还给投资者，直至使用期结束（图 3-2）。

2. 运行模式

（1）竞标

竞标的具体流程为：借款人将借款信息发布到平台上，将借款原因、借款金额、借款期限和利率明确列出来，投资人参与竞标,中标者一般都是利率低的出借人。投标期一般为 3～15 天,不同的借款产品,投标期时间长短也不同。如果在投标期内有能满足借款人需求的出借人,那么就可以继续下一步的交易。借款人成功借款后,拍拍贷平台在 3 个工作日内审核这次交易,交易结算主要通过第三方支付机构(如支付宝等);如果没有能够满足借款人需求(一般是金额或利息达不到要求),那么就不能成功借款。

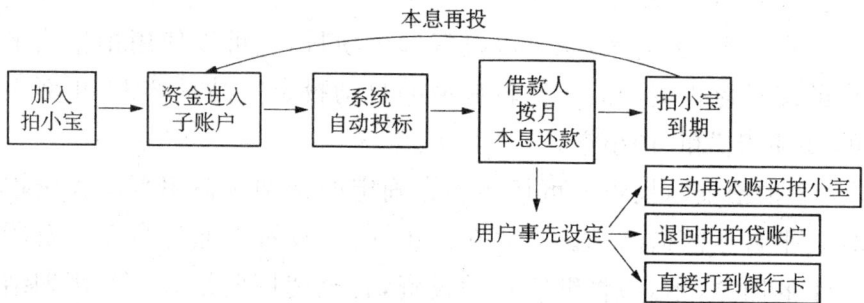

图 3-2　拍下宝的运行模式

"网络社区化"是拍拍贷的最大特色,网站好友的数量、个人出借数额等都与用户信用等级直接挂钩,好友越多,出借数额越多,信用等级就越高。借款人要经常在拍拍贷网络平台上密切关注投资人的动态,与投资人多沟通、互动,增进感情,这样有利于促进贷款交易的成功。

(2)利率确定

拍拍贷平台采用市场定价模式确定贷款利率,也就是说,市场对该平台的贷款利率起决定性作用。借款人发布借款信息时,要列出自己能够接受的最高利率,然后由投资人在平台上投标,利率能够使借款人接受的则中标。拍拍贷平台一般不会直接介入贷款交易,而只是按规定对贷款利率的上限做出明确说明。

(3)风险控制

拍拍贷平台会审核申请人提交的证明材料,双方交易的资金结算主要通过第三方支付机构(如支付宝等)。2014年10月,拍拍贷平台与长沙银行合作,实现资金的第三方托管,在拍拍贷层面没有形成资金沉淀。此外,拍拍贷平台为了对投资人的投资损失给予偿付,用专项资金建立了"风险备用金",但"以风险备用金赔付为限"的声明并没有出现在官网上。

(4)收费

拍拍贷的收费标准见表3-1。

表3-1 拍拍贷的收费标准

借款类型	收费标准
借款期限6个月(含)以下	借款成功后,本金的2%
借款期限6个月以上	借款成功后,本金的4%
首次借款信用服务费	借款成功后,一次收取199元
二次增值服务费	借款成功后,本金的7%

(二)宜信

2005年,在北京创建的宜信集团也是典型的P2P网贷产品之一,通过网络平台为个人及小微企业提供贷款及其他相关金融服务是宜信集团的主要定位。在P2P本土化领域,宜信比其他P2P平台取得了更大的突破。

1.运行模式

宜信的运行模式主要是线下债权转让模式,这是一种独特的P2P融资模式。该模式的运作流程为,借款人在宜信平台上提出贷款申请,作为宜信债权人的创始人(唐宁)及高层领导从个人账户给借款人放款,然后重新拆分和组合债权,打包成固定收益类产品,再由销售团队给投资人销售(图3-3)。

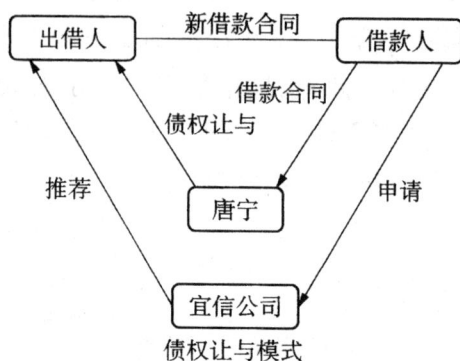

图 3-3　宜信的模式

在线下债权转让模式下,借款人和出资人双方的交易不是直接进行的,契约关系在交易双方之间是不存在的,也不需要匹配二者的信息。宜信的出资人是固定的,即创始人和企业高管,他们将个人账户上的资金借出,再给投资者出售被打包成标准化收益产品的债权。传统 P2P 平台上的债权种类非常多,将这些债权整理包装后,可设计理财产品,虽然数额不大,但收益固定,采用这一模式可以简化贷款交易的流程,如投标竞标、信息匹配等环节都被省略了,大大提高了交易的效率。

宜信集团采用线下债权转让模式,在该模式下,网络平台在整个贷款交易过程中处于前端和末端,主要作用是提供信息,这与纯线上模式有很大的区别。在这一独特的模式下,出借人与借款人之间不需要进行信息匹配,也就是说,宜信平台不提供这方面的服务,核心放贷环节在线下进行(出借人固定),将标准化产品出售给投资者是平台的主要工作任务。

在传统 P2P 模式的基础上,宜信平台进行了本土化创新,其对贷款交易两端(借款人端、投资人端)的设计都体现了标准化原则,这样交易双方的信息匹配环节就可以省略,交易效率与传统模式相比有了很大的提高。从借款人这一方来看,宜信平台的出借方是固定的,借款人的贷款需求可以得到满足,不需要很多投资人在平台上竞标;从投资人这一方来看,宜信给投资人提供的是标准化产品,不需要投资人再对单个借款进行筛选,这样就节省了投资人的时间,为投资者提供了便捷服务。

2. 风险控制模式

在宜信所设计的独具特色的模式下,借贷双方没有匹配信息,投资人不审查借款人的资质,他们收到的都是由平台提供的标准化收益产品,其中主要是按金额与期限搭配的债券。虽然投资人不需要亲自筛选单个借款,不需要了解贷款方的资质,但他们在了解不多的情况下进行投资难免会没有安全感,对于投资者的这些顾虑,宜信平台提出了风险控制方案,主要表现在以下两个方面。

(1)风险补偿基金

一般情况下,风险补偿基金的金额占贷款金额的2%,这部分资金来源于向借款人收取的服务费中。借款人若违约,为对投资人的利益予以保障,则将风险补偿基金作为还款资金。

(2)线下放贷

宜信平台与其他 P2P 平台的区别还表现为宜信设立实体门店,而其他平台不设线下实体门店。宜信设立的线下门店遍布在我国 40 多个城市,每个门店都有专门的信贷员来面对面审核借款人的资质,确保借款人提供真实、准确的信息,这样就能减少投资人的顾虑,提高交易的成功率。

(三)陆金所

2011 年成立的陆家嘴金融资产交易市场股份有限公司(简称"陆金所")是平安集团的一个子公司。陆金所的业务涉及金融领域的多个方面,与单纯的 P2P 平台有所不同。这里我们以陆金所推出的 P2P 产品——稳盈—安 e 为例。

陆金所推出的 P2P 产品——稳盈—安 e 属于个人借贷中介服务产品,其主要服务于个人借款人和个人出借人,在促进借贷双方顺利交易的过程中,该平台提供的中介服务主要包括发布借款需求、管理借贷双方、担保活动、划拨借款资金等多个方面。

1. 交易流程

第一,进入陆金所官方网站,借款人和出借人都要进行实名注册,然后绑定各自的银行卡。

第二,借款人到门店提出贷款担保申请,提交申请材料和相关证件,担保公司审核其信息材料与证件,审核通过则为其提供担保。

第三,借款人在陆金所网站平台上发布借款申请。

第四,借贷双方签订《个人借款及担保协议》,出借人向陆金所授权,然后由陆金所从出借人的陆金所账户向借款人的陆金所账户中转入借款资金,放款则完成。另外,借款人给陆金所授权后,陆金所向借款人绑定的银行账户转入借款资金。对于这项资金转账服务,陆金所不向借款人收取服务费,因为资金提现到账的时间受银行业中各种因素的影响,不是陆金所能够控制的,所以陆金所无法对资金到账时间作出承诺,也不承担责任。

第五,借款人授权陆金所每月给出借人还款(等额本息)。

2. 交易结构

稳盈—安 e 的交易结构如图 3-4 所示。

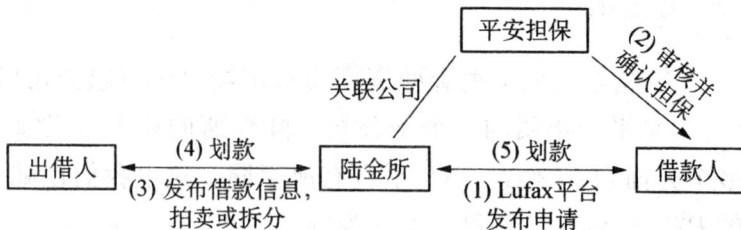

图 3-4　稳盈—安 e 的模式

3. 交易要素

稳盈—安 e 产品的交易要素主要包括以下几项。

第一,借贷金额。借款额度一般在 1 万～15 万元之间,出借额度则最少为 1 万元。

第二,借贷期限。期限可以是一年、二年或三年,具体由借款人根据自身需求进行选择。

第三,借贷利率。按人民银行同期贷款基准利率上浮 40% 计算,这与借贷期限也有关。

第四,还款方式。按月还款,方式为等额本息。

第五,逾期担保。担保方是平安集团融资公司。

(四)微额移动 P2P

信息技术的发展、4G 网络技术的广泛应用以及智能手机、平板电脑等电子产品的诞生使得人们进入互联网金融时代,P2P 等互联网金融产品也开启了"移动"模式。手机贷、闪银等 P2P 平台提供短期、小额信用贷款,借款人只需要通过手机客户端进行申请,系统完成评估后即给予授信额度,借款人可以在额度内提取现金。这里我们以闪银为例进行介绍。

闪银可以说是中国具有代表性的微额移动 P2P 平台。闪银以互联网的海量信息为基础,通过大数据分析技术,聚合形成个人信用码以评估借款人信用情况。完成评估后,系统授予借款人信用额度,用户可在额度内提取现金,随借随还,2 个月～12 个月自主分期付款。

闪银的交易流程非常便捷,具体包括:客户通过手机客户端或者微信公众号提交姓名、身份证号、手机号、工作单位等信息,并从微博、人人网等社交网站中至少选择一个进行账号绑定,系统便会在 10 分钟以内测算出不超过 50 万元的授信额度;获得授信额度后,借款人需上传身份证正面照片及借款人本人手持身份证正面的照片,并绑定银行卡,完成提现申请。

下图为申请人初次申请闪银额度的流程及所需提交的资料(图 3-5 至图 3-9)。

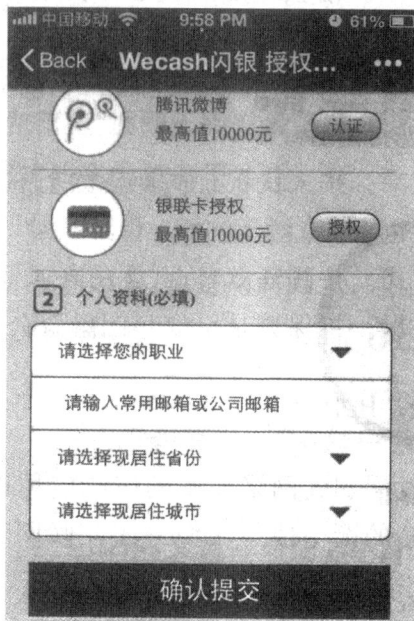

图 3-5   初次申请闪银额度的流程及所需提交的资料

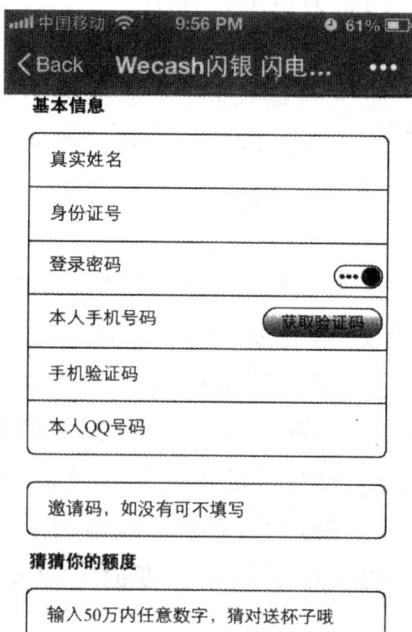

图 3-6   初次申请闪银额度的流程及所需提交的资料

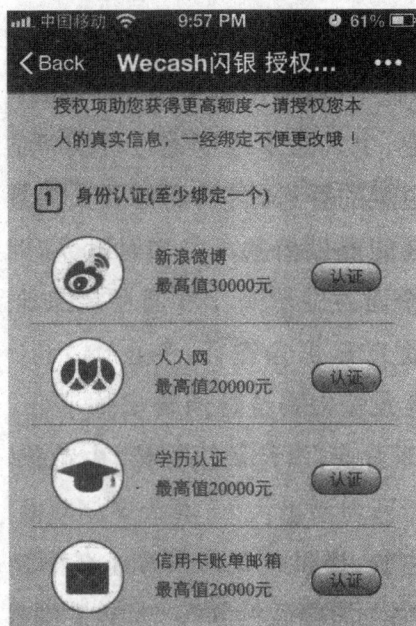

图 3-7 初次申请闪银额度的流程及所需提交的资料

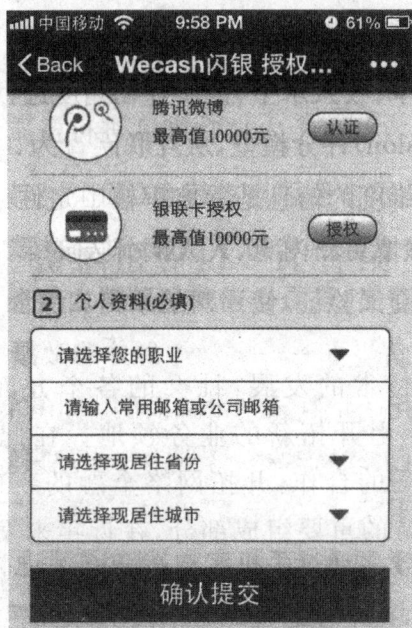

图 3-8 初次申请闪银额度的流程及所需提交的资料

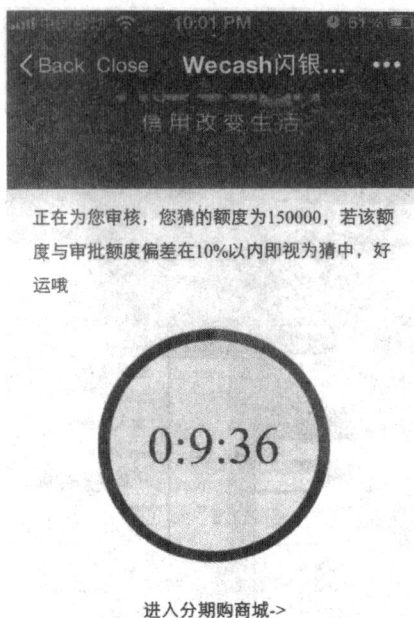

图 3-9 初次申请闪银额度的流程及所需提交的资料

以"人人有信用,有码便可贷"为目标,闪银推出了个人信用码评分体系。信用码采用 3R(Rules、Rank、Regression)评分模型,从互联网行为、行业、个人三个维度进行资质评估。

第五节 供应链融资

随着互联网技术的发展,社会的各个方面都开始向互联网靠拢,在互联网上开拓新的业务领地。在此背景下,金融业也加强了和互联网的合作,开拓网络金融的新市场。供应链金融作为互联网金融的重要组成部分,在近年来发展迅猛,取得了一系列成就,既有效解决了中小企业的融资难题,又延伸了银行的服务。

一、供应链融资概述

20 世纪 80 年代,世界级企业巨头开始寻求成本最小化冲动下的全球性外采和业务外包,这促使现代意义上的供应链金融概念的正式发端。供应链金融(Supply Chain Finance,SCF),一般被认为是商业银行信贷业务的一个专业领域(银行层面),也是企业尤其是中小型企业的一种融资渠道(企业层面)。由于 finance 一词在中文里有"金融、融资、财务"等多种含义,因此在微观层面我们也可称为"供应链融资"。

供应链融资具有以下几个方面特点。

(一)为企业融资提供新渠道

作为一种新的融资方式,一方面,供应链融资为中小型企业融资的理念和技术瓶颈提供了解决方案,使中小型企业可以在信贷市场获得急需的融资基金;另一方面,对于很多大型企业来说,供应链融资不仅有助于弥补它们被银行压缩的传统流动资金贷款的额度,而且通过这种上下游企业资金的引入,他们自己的流动资金需求水平持续下降。因此,供应链融资无论对于大型企业还是中小型企业来说,都是一种有效的融资渠道。

(二)为银行开拓新通路

供应链融资作为互联网金融的一种,能够为银行创造比传统业务更丰厚的利润,而且提供了更多强化银行与企业之间关系的机会,这就使得许多国际性银行愿意加入供应链融资的系统。

(三)资金封闭管理

由于供应链融资的模式是借一笔,定一笔,还一笔,自贷自偿,整个交易的信息流、资金流都是一个相对封闭的系统,银行可以进行有效跟踪管理,确保资金的安全性。

(四)实现多流合一

供应链融资很好地实现了物流、商流、资金流和信息流的多流合一。一般来说，一个特定商品的供应链涉及从原材料采购到消费者购买商品的整个过程，将供应商、制造商、分销商、零售商直到最终用户连成一个整体。

二、供应链融资具体业务

(一)信用证融资

根据《跟单信用证统一惯例》（"UCP600"）规定，信用证是指"一项不可撤销的安排，无论其名称或描述如何，该项安排构成开证行对相符交单予以交付的确定承诺"。

典型的信用证交易流程如下。

(1)买卖双方签署买卖合同，约定以信用证方式付款。

(2)买方（申请人）签署申请书，向其银行（开证行）申请开立符合买卖合同约定的信用证。

(3)买方银行审查申买方的开证申请书，确保开证手续齐备后，向卖方所在地的往来行或卖方指定银行（卖方银行）发送信用证。

(4)卖方银行（通知行）收到信用证后审查其真实性，如果开证行请求对信用证进行保兑，并通知卖方。

(5)卖方审查信用证条款，确定该信用证可以接受，然后按照买卖合同条款将货物装船。

(6)卖方准备信用证要求的单据并将该等单据提交给相关的银行（付款行），付款行可以是通知行、保兑行、开证行或者任何愿意议付信用证的银行。

(7)付款行收到单据后进行审核，如果单证相符，则承付或议付信用证，同时将单证递送给开证行主张偿付。

（8）开证行收到单据后进行审核,确定单证相符后对买方的账户进行扣款以向付款作出偿付,并将单据交给买方。

（9）买方凭单证提取货物。

（二）动产质押融资

动产质押融资是指融资企业在正常运营过程中,将自身拥有的动产作为质押交由银行认可的监管企业进行监管,以获得银行信贷资金的融资业务。一般来说,动产质押融资分为静态质押融资和动态质押融资。动产质押融资的程序如图 3-10 所示。

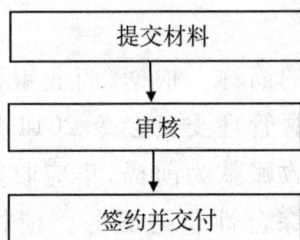

```
┌─────────────┐
│   提交材料   │
└─────────────┘
       │
       ▼
┌─────────────┐
│     审核     │
└─────────────┘
       │
       ▼
┌─────────────┐
│  签约并交付   │
└─────────────┘
```

图 3-10　动产质押融资的程序

（1）提交的材料除银行授信需要的基础材料外,企业还需提供动产质押业务申请书,表明融资企业对动产拥有所有权和处分权的证明材料及同意质押的文件,具体质物清单,最近两个年度与核心企业的购销合同、发票等交易记录,以及银行要求的其他资料。

（2）银行对融资企业提供的材料进行审查,按照内部审批流程层级审批,决定授权的额度。

（3）企业与银行、监管方一起签订《仓储监管协议》。协议生效后,银行向企业交付融资款项。

（三）应收账款质押融资

应收账款质押是指融资企业以合法拥有的应收账款质押给银行,银行以贷款、承兑等形式发放的、用于满足企业日常生产经营周转或临时性资金需求的授信业务。

应收账款质押融资的一般流程有以下几项。

(1)提交材料。

(2)银行、申请借款方、应付款方签署三方协议,银行和申请借款方签署借款合同和担保合同。

(3)核定贷款金额,放款。

(4)到期贷款回收。

(5)通知应付款方解冻。

(6)应付款方支付货款。

(四)保理融资

保理是保付代理的简称。根据《商业银行保理业务管理暂行办法》(中国银行业监督管理委员会令 2014 年第 5 号),保理业务是以债权人转让其应收账款为前提,集应收账款催收、管理、坏账担保及融资于一体的综合性金融服务。债权人将其应收账款转让给保理商,由保理商向其提供下列服务中至少一项的,即为保理业务。

(五)福费廷融资

福费廷是国际供应链融资的一种形式,是指在无追索权的基础上对未来的支付义务进行贴现。支付工具主要是远期汇票或本票。国内银行通常称之为"包买票据"或"票据买断"。包买商主要有银行,也包括为出口商提供融资的其他金融机构。

(六)票据融资

票据融资是指商业汇票的承兑、贴现、转贴现和再贴现等业务。对于普通企业而言,票据融资主要有承兑和贴现两种形式;对于银行而言,转贴现是其进行融资的一种方式。

第四章 资产证券化

　　资产证券化是近两年国内资本市场的热搜词汇之一,证券化产品已成为资本市场上最具活力的成熟的融资工具。其实,早在2005年,中国的资本市场就已经开始谈及资产证券化,但其后的10余年,我国资产证券化仍处于发展初期,市场尚不健全。一方面,资产证券化的参与主体对资产证券化的理解不够深入,缺乏执行资产证券化项目的知识储备和操作能力;另一方面,资产支持证券的二级市场尚不健全、缺乏高质量多层次的投资者群体,相对于其他金融产品,交易市场较为冷淡。然而,随着人民币国际化和利率市场化改革不断深化所带来的市场环境不断优化,以及监管层响应国务院简政放权政策带来的环境不断利好,近年,我国的资产证券化市场快速发展。本章在介绍资产证券化基本内涵及发展的基础上,对资产证券化的参与主体、证券化资产的管理、资产证券化的风险和对策进行分析。

第一节　资产证券化概述

　　资产证券化是一种融资金融工具,它将缺乏流动性但具有未来现金收入流的资产打包收集起来,建立资产池,并通过重新组合,转变为可以在资本市场上出售和流通的证券。目前,我国资产证券化的主要模式包括中国人民银行和银监会监管的信贷资产证券化、证监会监管的企业资产证券化、交易商协会监管的资产支持票据、保监会监管的项目资产支持专项计划。

资产证券化是指将贷款、应收款项等金融资产转化为可交易的证券——通常称为资产抵押证券（ABS）。但事实上，以抵押为标的的证券称为"抵押贷款支持证券"（MBS）。从狭义的角度而言，以其他资产为标的的证券才称为 ABS。这些标的金融资产的未来现金流用于对 ABS 投资者的偿付。金融机构或者非金融机构都可以将资产证券化作为其融资和风险管控的工具，资产证券化事实上已经成为资产负债表与资本市场之间的桥梁。

普遍认为资产证券化是将非流动资产转变为可交易证券的过程，但这个说法并不全面，在资产证券化出现之前就存在持续发展的贷款二级市场。由于贷款合同缺乏规范以及存在信息不对称，贷款销售成本较高且较为复杂。在缺乏贷款购买者保护机制时，贷款出售者可能会出售低质量贷款而持有高质量贷款。因此，尽管贷款是非流动的，但一些相对流动的资产也会被证券化。

相对出售单一资产，现代资产证券化涵盖的是产生现金流资产的集合。资产证券化可以将一个金融资产组合（合同债务）转化为可从原始标的资产的风险状况中分离的可交易的证券（Saleuddin，2015）。抵押贷款是传统的资产证券化的标的资产，然而随着市场发展，更多类型的资产被证券化，其中最普遍的包括汽车贷款、信用卡应收款、学生贷款、企业贷款和可转让金融工具——债券和其他债务合同，甚至是已存在的 ABS 重复进行证券化。

各种业务模式在监管机构、审核方式、发起机构/原始权益人、受托人/管理人、投资者、基础资产、交易场所、法律关系等方面都有所不同。目前，信贷资产证券化发行数量和发行规模都处于首位。2013 年年底，美国 P2P 网贷平台 Soft 宣布首个 1.53 亿美元资产证券化产品发行成功，并获得加拿大最大评级公司 DBRS 的 A 级评分，从此拉开了互联网金融 P2P 资产证券化的序幕。那些存在稳定现金流的资产，都可以将其资产证券化。

截至 2018 年 6 月末，企业资产证券化产品存量数量 1 063 单，余额为 1.31 万亿元，较 2017 年末增加 33.67%，继续保持快速增长。底层资产多样化且分布相对分散，其中个人消费类贷款余额最高达到 2 689.7 亿元，占比为 21%，较 2017 年末下降约 2 个百分点。其次是信托受益权，占比为 15%，较 2017 年末下降 3.5 个百分点。房地产类 ABS 产品（包括 REITs 和 CMBS）总额为 1 562.72 亿元，较 2017 年底增加 28.62%，这类资产的重要性也有所提升。除此之外，应收账款、融资租赁、票据收益权、保理融资也都是占比相对较高的产品。

企业资产证券化对企业而言有着诸多益处：首先，证券化能够提高企业整体资产的流动性；其次，证券化能够拓宽企业的融资渠道；最后，证券化能够改善企业的资本结构，降低企业的融资成本。在美国，虽然企业资产证券化推出不到 30 年的时间，市场规模已经有近 2 500 亿美元（不含 REIT）。而在我国，企业资产证券化其实比信贷资产证券化起步还要早一点。我国在 2005 年开始的资产证券化试点中，最早的一批证券化交易主要是以企业资产证券化为主，其中首单交易是"中国联通 CDMA 网络租赁费收益权专项资产管理计划"。

第二节 资产证券化的基本过程

一、资产证券化的整体流程

为了更加深入地理解资产证券化的内涵，我们必须首先了解资产证券化的基本流程。一般地，一个完整的资产证券化交易可以概括为如下三步（图 4-1）。

（1）由发起人成立 SPV，并将需要证券化的资产转移到 SPV，SPV 需要构成"真正的销售"。

（2）SPV 通过对资产池的现金流进行重组、分层和信用增级，并以此为基础发行有价证券，出售证券所得作为 SPV 从发起人处购买资产的资金。

（3）服务商负责资产池资金的回收和分配，主要用以归还投资人的本金和利息，剩余部分则作为发起人的收益。

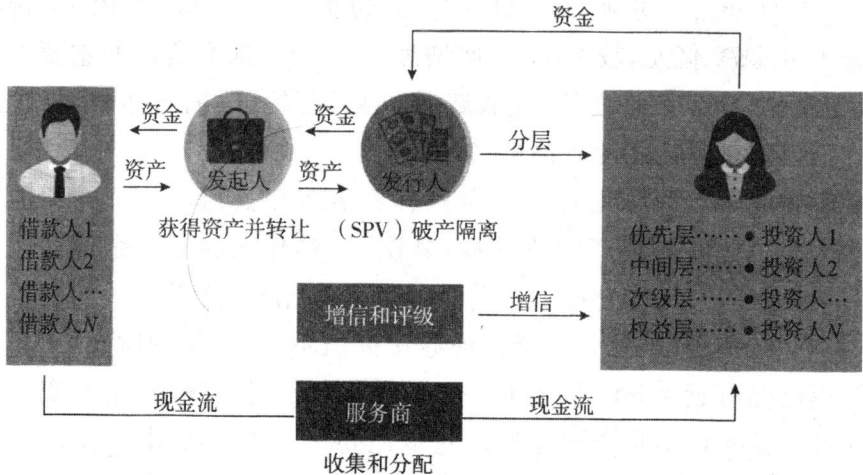

图 4-1 资产证券化的简化流程

二、资产证券化操作流程中的关键要点

在整个流程中，有几个关键点需要注意。

（1）基本资产的现金流量分析是资产证券化的核心技术。具体来说，它是基于将来拥有稳定资产而发行的，并发行证券用来融资。换句话说，只要有合适的项目，并以保证现金流量的稳定运行为前提，公司就具备发行相关产品的条件。

（2）任何成功的资产证券化的基础资产必须经过成功的重组以形成资产池，并实现资产池与其他资产之间的风险隔离。同时，必须增强资产池的信用。由此看来，资产重组、信用增强和破产风险隔离是资产证券化需要遵循的三个基本原则。

（3）分层和信用增强也是资产证券化的重要特征之一。资产信用可以通过分层和信用增强来进一步增强，发行人可以通过这一途径来获得比发起人自己的信用评级更高的评级。这能够提高资产流动性、降低证券售价或获得低融资成本，为企业或投资人赢得更大的利益。

三、资产证券化的具体操作步骤

在具体业务中,资产证券化操作包括如下六个步骤。

(一)确定证券化资产并组建资产池

资产证券化发起人将根据其资产证券化要求、资产状况和市场状况(包括证券需求、定价和其他金融工具等),规划目标资产和资产证券化资产的规模。通过发起程序,某些资产条件确定了用于证券化的资产,并建立一个在类型、信贷质量、利率、期限和到期日方面均质的资产池。如有必要,发起人还将聘请第三方代理机构审查资产池。

(二)设立 SPV

资产证券化可以根据资产特性、目标配置和支持环境的具体情况采用不同的操作模式。以是否将证券化资产从发起人的资产负债表中删除作为标准,可以分为表内模式和表外模式。通常来说,表外模型更加标准化、通用性和长期性,并且可以被各种发起人采用。资产负债表外模式的发起人或第三方通常会设置SPV,以确保其仅用于运营资产证券化,并在法律上形成"破产隔离"载体。以 SPV 形式为标准,表外模型可以进一步分为特殊目的信任(SPT)和 SPC 模式。前者是指发起人对证券资产设定SP,通过信托财产独立性原则隔离资产风险,并通过证券载体出售信托产品;后者是指发起机构将要证券化的资产转移到空壳SPC,在这些资产的担保下发行资产支持证券。

(三)转让资产,实现"真实出售"

确保资产从原始权益中有效剥离并转移到 SPV 中是资产证券化的核心步骤。这一步骤会涉及许多具体的问题,如法律、税收和会计处理等。

（四）信用增级和信用评级

为了吸引投资者，SPV经常根据市场情况和信用评级机构来进行担保，通过发起人或第三方进行信用增强，并对资产池及其现金流进行预测分析和结构重组，以实现最佳的细分和证券设计。信用评级机构通常从交易开始就参与计划和设计，在资产证券化的设计和发行过程中提供建议和反馈，并在证券发行后跟踪报告资产的表现。

（五）销售交易

SPV与证券承销商签订了证券承销协议，承销商将证券出售给投资者承销商，以公开发行或定向发行的方式从投资者那里筹集资金。SPV从承销商获得证券发行收益，按照约定的价格向发起人偿还购买基本资产的资金，SPV还根据需要确定证券受托人，并为保证投资者的利益而管理发行的证券。

（六）后期管理

一般情况下，前面的五个步骤可以在几个月或几周内完成（有些时间较短甚至可以在几天之内完成）。但是，资产证券化交易的具体工作并没有伴随着证券的公开出售而结束。实际上，这只是交易刚刚开始。特殊目的实体会雇用专业服务提供商或经理来管理资产。在许多情况下，发起人通常以资产经理的身份支付资产池资产。这些管理和服务任务包括从资产中收集现金流量、管理账户、偿还债务以及监视和报告交易。当所有证券全部还清或资产池中的资产全部处理完之后，资产证券化的交易过程实际上就结束了。

第三节　资产证券化的参与主体

在一般的企业资产证券化交易中,参与主体主要有:发起人、特别目的载体、投资者、服务商、存托人、受托人、托管人、信用增级提供人、承销商等。

图 4-2 是一个典型的信贷资产证券化交易主要参与主体的关系图。

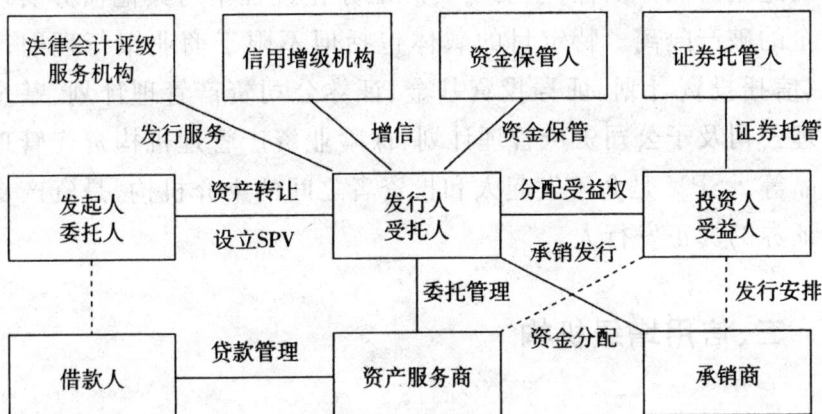

图 4-2　资产证券化的主要参与主体

对于资产证券化的参与主体,这里仅取其中几个进行介绍。

一、发起人

资产证券化的发起人是资产证券化的起点,其既是基础资产的原始权益人,也是基础资产的卖方。首先,发起人的第一角色是启动诸如贷款之类的基础资产,这是资产证券化的基础和来源。其次,发起人的第二角色是组建资产池,然后将其转移给 SPV。因此,发起人可以从以下两个层次进行理解:一个可以理解为诸如发起贷款之类的基础资产的发起人,另一个可以理解为证券化交易的发起者。这里的发起人是从第一层次来定义的。

通常情况下，基础资产的发起人将自己发起证券化交易，然后这两个级别的发起者是重合的，但有时资产的发起人会将资产出售给专门从事资产证券化的承运人，这两个层面的发起人是分离开来的。所以，某些情况下非常有必要弄清发起人的含义。

二、特别目的载体

特别目的载体(Special Purpose Vehicle,SPV)是指基于特殊目的建立的法律实体，主要是资产证券化过程中与其他债务实现完全的破产隔离。特定目的载体包括但不限于商业银行理财产品、信托投资计划、证券投资基金、证券公司资产管理计划、基金管理公司及子公司资产管理计划、保险业资产管理机构资产管理产品等。SPV是介于发起人和投资者之间的中介机构，是资产支持证券的真正发行人。

三、信用增级机构

信用增级可以通过内部增级和外部增级两种方式来实现。与这两种方法相对应，信用增级机构是发起人和独立的第三方。第三方信用增级机构包括政府机构、保险公司、金融担保公司、金融机构和大型企业的金融公司。在外国证券化的早期，政府机构的担保占据了重要位置。后来，民间担保逐渐发展，包括银行信用证、保险公司担保等，以及后来的金融担保公司。

四、信用评级机构

信用评级机构是依法设立的从事信用评级业务的社会中介机构，即金融市场上一个重要的服务性中介机构，它是由专门的经济、法律、财务专家组成的对证券发行人和证券信用进行等级评定的组织。国际上公认的最具权威性的专业信用评级机构只有三家,分别是美国标准·普尔公司、穆迪投资服务公司和惠誉国际信用评级有限公司。

面对巨大的机遇和生存压力,信用评级机构应加强与外部各界的合作与交流,同时不断提高自身的业务质量和管理水平。最根本的作用是就证券的信用状况独立发表意见,信用状况表述出来就是投资者按时获取利息和收回本金的可能性。目前,中国信用评级业特别是信用评级机构,存在评级公信力不强、核心竞争力不足、评级增值服务缺乏等问题。

五、承销商

证券承销商是指与发行人签订证券承销协议,协助公开发行证券,借此获取相应的承销费用的证券经营机构。依《证券法》第28条规定,发行人向不特定对象发行的证券,法律、行政法规规定应当由证券公司承销的,发行人应当同证券公司签订承销协议。在2002年11月1日之前,依据国务院证券委于1996年6月17日发布的《证券经营机构股票承销业务管理办法》,证券经营机构从事股票承销业务,应当取得中国证监会颁发的《经营股票承销业务资格证书》。

六、服务商

证券服务商是指依法设立的从事证券服务业务的法人机构,主要包括证券登记结算公司、证券投资咨询公司、信用评级机构、会计师事务所、资产评估机构、律师事务所、证券信息公司等。根据我国有关法规的规定,证券服务机构的设立需要按照工商管理法规的要求办理注册,从事证券服务业务必须得到证监会和有关主管部门的批准。代理企业发行有价证券的证券服务商应该是一个金融机构,个体是不能够参与的。

七、受托人

受托人代表投资人托管资产组合及其相关的所有权利。这包括将现金流从服务组织转移到 SPV 账户再转付给投资者;重新投资未立即转移的资金;监督参与证券化的各方的行为,定期审查有关资产组合的信息,确认服务机构提供的各种报告的真实性并向投资者披露;披露违约并采取法律行动以保护投资者的利益;但是,当服务组织无法履行其职责时,替代服务提供商承担其职责。

第四节　证券化资产的管理

资产证券化产品投资人会议举办的程序债权代表和股东代表复杂,一是涉及的权益结构复杂,二是证券资产类型复杂,某一资产的违约可能需要涉及不同投资人的会议提出表决意见,成本过高。这就涉及通过资产管理人执行代理投票,由于可能的利益冲突,需要对管理人资格谨慎地约束和条件授权。代理投票流程是指资产管理人向代理人发出投票指令,指令随后被传递给投票分配者,再由投票分配者将指令传递给托管人,托管人请求公证人根据对管理人的授权对投票指令进行公证,然后向登记方申请并完成登记,最后汇总投票信息。这是一个非常复杂且非标准化的流程,投票信息存在被不正确传递或丢失的风险。

在区块链技术的支持下,代理投票可以透明简化,直接公开在区块链技术搭建的投票应用系统里,结果供委托人查询。此外,另一个证券化资产管理方向——证券化基础资产的获取和管理,在未来可能通过区块链技术搭载的物联网设备实现,这也许是一个更为长远的设想。根据 IBM 的设想,区块链技术搭载的物联网管理体系下每个设备都得能自我管理,设备彼此关联,形成分布式云网络，只要设备还存在，整个网络的生命周期就可以大幅延长，运行维护成本显著降低。

而基于信息管理系统下发生的物流及现金流可以成为高度分散性资产现金流的证明，从而为证券化交易创造信用依据，不再依赖商业信用链上核心企业的信用。

一、纳斯达克

初创公司正在不断推迟上市时间，这样的趋势无疑将影响做上市生意的交易所，纳斯达克交易所对此的应对策略是：将业务不断由二级市场向一级市场延伸。数据显示，2014 年，上市公司的成立年限平均为 11 年，而 1999 年，公司平均成立 4 年后便可上市。初创公司上市的时间越来越晚，这一趋势在科技行业尤为明显，估值 10 亿美元以上的"独角兽"公司正在变得越来越多，优步、Airbnb、Snapchat 等估值超过百亿美元的"巨型独角兽"上市依然遥遥无期。

在 2015 年下半年，纳斯达克交易所推出了新的针对一级市场的交易平台 Linq，该交易平台就是基于区块链技术，用于一级市场公司的交易。纳斯达克交易所还宣布了对 SecondMarket 的收购，后者是服务于非上市公司的股份交易平台，曾服务的客户包括上市前的脸书、推特和还未上市的 Dropbox 等。

纳斯达克首席执行官鲍勃·格雷菲尔德（Bob Greifeld）表示，向非上市公司提供交易服务，在未来这些公司上市时，将为纳斯达克交易所赢得更多的上市业务，同时他认为未来纳斯达克交易所来自非上市公司交易业务的收入将达到甚至超过来自传统二级市场的业务。"我们认为非上市公司的数量不断增加，而我们将满足他们的需求。"

Linq 是专门供私人企业发行债券和证券交易的平台。通过Linq，私募的股票发行者享有一种"数字化"的所有权。通过网上交易，Linq 能够极大地缩减结算时间，并且交易双方能够在线完成发行和申购材料，也能有效简化多余的文字工作。

私人企业的股票管理一直被认为是测试区块链技术最理想的应用之一。通常情况下，这是一个需要大量手工作业，基于纸张的工作，需要通过人工处理纸质股票凭证、期权发放和可换票据，而这一切很快将成为历史，区块链技术将会对这一切进行数字化管理，使其变得更加高效和安全。Linq 的客户们将会有一个让人容易看懂的历史发行记录，并且能转让他们的证券，让他们的记录更容易进行审核，在发行治理和所有权转让方面赋予他们更多的权限。

格雷菲尔德在一份声明中如此说道："我们倍受鼓舞，因为这一切来自这些创新和先行公司对于 Linq 的最初需求，并且通过这个平台，验证了我们区块链技术的应用。将区块链应用于私人市场是一个创新之上的创新，并且有机会永久性地改变金融服务基础设施的未来。"

Linq 将是首个基于区块链技术建立起来的金融服务平台，能够展示如何在区块链技术上实现资产交易。它同样也是一个私人股权管理工具，作为纳斯达克私人股权市场的一部分，它是为企业家和风险投资者所准备的完整解决方案的一部分。

Chain 的首席执行官亚当·路德文（Adam Ludwin）表示，该公司对 Linq 很满意，并且很期待它的发布，他希望更有效透明地管理自己公司的安全问题。

在 2015 年 12 月 30 日，Linq 完成了首个记录——这对于主流金融系统将会是使用区块链技术的里程碑。纳斯达克表示，Linq 区块链账本已经把股票发行给一位不愿意透露姓名的私人投资者，通过去中心化账本证明了股份交易的可行性，而不再需要任何第三方中介或者清算所。

纳斯达克首席执行官格雷菲尔德说："通过区块链技术的最初使用，我们很可能会开始一个全新的进程，这一进程将会彻底改变整个资本市场的基础设施系统。这对于结算业务和过时的管理机构而言，将会产生深远的影响。我们相信这一交易的成功,标志着全球金融领域的一大进展,代表了区块链技术的应用进入了一个开创性的时刻。区块链技术所变革的,是现有资本市场基础系统的核心:交易结算和行政审批,Linq 的出现意味着,这些都已经过时了。"

亚当·路德文同样无法抑制他的兴奋:"毫无疑问这次与纳斯达克的合作意味着新时代的开启。正如我们所预期的那样,整个交易过程避免了传统的人工所有权转移,线上操作完全无缝衔接。"

在 2015 年 5 月,纳斯达克宣布将在企业内大规模使用区块链技术,同时表示不需要使用比特币,但是将会使用数字货币技术背后的技术。

格雷菲尔德在 2015 年 12 月表示:"相对于传统人工保存台账的方式,区块链技术将会具有压倒性的优势。"他指出,区块链网络可以改变美国证券市场的交易时间,甚至可以改变整个金融行业处理交易事务的方式。不仅有助于减少交易结算时间,还能够确保交易网络之间资金传输变得更快。

"我对于区块链技术从根本上改变金融服务行业基础设置的能力深信不疑。虽然清算所是一个奇妙的发明,但是如果你有了一个可以完全信赖的公共账本,就可以演化成无中介的双边贸易场景,并且实现实时结算。"

纳斯达克在 2015 年秋天参加了区块链公司 Chain 的 3 000万美元投资轮。其他主要投资者还包括 Visa、花旗风投和第一资本。

格雷菲尔德早在新闻中透露过,该公司将使用区块链技术管理爱沙尼亚的代理投票系统。

纳斯达克并不是唯一一个打算在金融市场中使用区块链技术的交易所,纽约证券交易所也表示对区块链技术非常有兴趣,并且已经投资了比特币交易所 Coinbase。

二、澳大利亚证券交易所

澳大利亚证券交易所（Australian Securities Exchange，ASX）在 2015 年就非常认真地考虑采用区块链技术，来实现清算和结算系统。

根据 ASX 首席执行官埃尔默·芬克·库佩尔（Elmer Funke Kupper）的说法，ASX 正在准备替换他们的交易系统。而区块链的出现，让他们有了一个绝佳的机会来使用目前最为先进的技术，从而降低清算和结算的成本和复杂度，节省时间。目前，ASX 清算和结算由结算所电子附属登记系统（Clearing House Electronic Subregister System，CHESS）来完成。

ASX 一直在努力寻找有效的方法提高终端之间的效率，他们组织了专业的团队非常仔细地研究区块链技术，看看是否能够为他们的客户、投资者和企业创造最佳的效益。

Funke Kupper 认为替换 CHESS 是一个难得的机会，所以正在考虑是否有更好的方法来完成这件事情——削减大量来自投资银行和经纪后端的管理成本，而这正是区块链有潜力做到的。

ASX 清算结算系统的升级将会从 2016 年年底开始，这次升级事关重大，因为 CHESS 已经被澳大利亚金融监管委员会确认为重大国家风险管理的基础设施。目前，ASX 已经部署了升级 CHESS 系统的时间，认为需要大约 5 年才能完成，费用大概会是 ASX 年收入的 7%，约为 4 500 万美元。澳大利亚证券交易所还表示，如果允许在清算方面开展竞争，那么交易所会在今后的几年里研究如何获得竞争优势，并且会安装额外的链接系统。

库佩尔指出，美国的 DAH 公司正在研究是否能够用区块链记录银团贷款市场的交易。银团贷款市场是一个超级庞大的市场，它背后的处理流程包括创建、记录、传输等，成本极其昂贵。区块链技术对它也非常有帮助。

为了保持对清算和结算系统的信心，库佩尔认为中心化交易记录仍旧是需要保留的。对私人投资者来说,其也许并不希望依靠一个分布式台账系统,并将其作为最终可以信任的来源。但是,ASX 非常希望通过分布式台账来降低成本,政府也希望它能够帮助解决问题。但事实上,如果能把两者结合在一起将会变得无比强大,并且会更有效率。

2016 年 2 月,ASX 表示已经和纳斯达克达成了协议,这家美国运营商将会负责升级悉尼集团的证券清算平台。纳斯达克参与项目的主要内容是尝试创建一个可以运行的全新结算系统。纳斯达克首席执行官格雷菲尔德告诉分析师,这个协议将会让公司"季度订单总额有出色的表现"。

这个消息是在 ASX 宣布它将会和数字资产控股(Digital Asset Holdings,DAH)进行合作之后披露的。DAH 是一家美国区块链技术服务提供商,将会为澳大利亚证券市场设计清算和结算系统。DAH 有可能会为 ASX 现有的结算系统升级,CHESS 是一个证券结算服务系统,用于在对手方和法定股份持有者之间传输资金。

ASX 有一个长期计划,准备在未来的三年里升级它的交易和交易后平台。纳斯达克和瑞典的 Cinnober Financial Technology 将会提供该系统的一部分组件。

此举反映了全球交易、清算和结算运营者对于区块链技术潜力持续增长的兴趣,该技术能够为许多金融市场带来庞大的低成本计算能力。它能够让数字资产在交易的对手方之间进行移动而不需要任何中央机构来负责记录交易。一个共享的数字公开账本能够持续被维护,确认所有参与链上的交易,防止欺诈。区块链技术的支持者称,该技术能够改善缓慢和低效的后端运作,并且重塑交易和结算流程。

然而,咨询机构 Oliver Wyman 和欧洲结算所 Euroclear 发布的一份报告争辩说:"目前需要克服的障碍是巨大的,而且最终的效果并不是很明朗。"这份报告称,市场运营者需要制定标准,要使区块链技术能实现现有支付手段及结算系统的所有能力,并且要满足现有的法规。它指出,许多区块链所鼓吹的优势,其实可以通过扩大类似于 ASX 的 CHESS,这种中央政权存管机构在市场中所扮演的角色来实现。

ASX 目前并没有承诺一定会使用区块链技术,用它来和现有系统进行协同工作。"这需要让所有利益相关方都能受益,将会在 2017 年前对使用澳洲交易后技术做出最终决定。"

三、韩国证券交易所

韩国证券交易所(Korea Exchange,KRX)是韩国唯一的证券交易所。2005 年,韩国三大主流证券交易所合并,成立了韩国证券交易所。据称,2015 年该交易所日股票交易量达到 71 亿美元。

根据《韩国时报》(*Korea Times*)报道,KRX 正用区块链技术开发一个柜面交易系统(OTC),目前正处于该研发项目的初期。该系统可以帮助柜面交易客户减少交易费用。虽然该系统正式发行之前还有很多准备工作,但 KRX 非常期待该系统可以简化场外经销商交易程序、降低交易成本,并协助寻找交易伙伴。这项举措使 KRX 成为探索证券交易中区块链技术应用的公司之一。

四、多伦多证券交易所

2016 年 3 月,多伦多证券交易宣布招募了一位比特币企业家作为公司首席数字技术官。这个负责寻找区块链技术整合办法的人就是安东尼·约里奥(Anthony Di Iorio)。

安东尼·约里奥是加拿大比特币联盟执行董事、以太坊创始人,曾经组织了多伦多首个比特币峰会,可以算是北美数字货币业内非常知名的人物,并且多次来过中国参加过数字货币峰会。多伦多证券交易所选择这样一位专家为公司在区块链技术领域开疆拓土,可见其对开发区块链应用的决心。

多伦多证券交易所正寻找将这项新科技融合到传统金融业

的方法。金融交易中没有中间人和第三方的做法在金融领域是有先例可循的。此外,这项措施会增加多伦多证券交易所的利润率。事实上,一旦区块链技术应用于发行证券,清算所将从该领域消失。

尽管多伦多证券交易所的具体做法还无从知晓,但能确定的是,它已经招募了一家区块链初创公司来搭建基于分布式账本的全新贸易结算系统。

第五节　资产证券化的风险和对策

众所周知,资产证券化运作过程中存在着多种风险,如提前偿付风险、信用风险、利率风险、流动性风险等,若不能加以有效防范,则必将增加交易成本,降低资产证券化效率。

一、资产证券化的常见风险

资产证券化作为一种结构性融资,被认为是一种低风险的融资方式,但这并不意味着没有风险;相反,其过程复杂,涉及的中介机构众多,信用链较长,不可避免地会出现一些风险。资产证券化的主要风险有以下几种。

(一)提前偿付风险

在发行人和持有人之间的合同上的条款之一可能是发行人偿付全部或部分债券。发行人需要这种权利,以便如果在未来一个时期市场利率低于发行债券的息票利率时,发行人可以收回这种债券并按较低利率发行新债券来替代它。从投资者的角度来看,提前偿付所产生的不利影响是显而易见的:第一,它使债券的现金流流量难以确定;第二,因为当利率下降时发行人要提前偿还,投资者面临再投资的风险;第三,债券的资本增值潜力减少,如当利率下降时债券价格便相对上涨,但债券的提前偿付抵消了这种上涨的空间,因为一种可提前偿付的债券的价格不可能上涨到大大高于发行人所支付的价格。

(二)信用风险

信用风险是一种古老的风险,自从它出现以来,就始终影响和困扰着经济中的各个主体。作为信用活动中心的银行,由于其更直接、全面和深刻地面对信用风险的威胁,信用风险管理的重要性也更为突出。我国经济进入了增速换挡、结构调整、前期刺激性政策消化的"三期叠加"阶段。金融体系尤其是银行业,经营环境正在不断变化,新的风险点不断出现。部分地方政府融资平台风险显现、小微企业和部分产能过剩,企业不良贷款持续增加,信用风险激增,对银行增加拨备和利润造成巨大压力。利率市场化改革的加速一定程度上推动了银行负债成本的上升,存款保险制度的推开也会在一定程度上提高银行的资金成本。商业银行资产负债结构的多元化使银行自我管理风险和监管部门调控全局风险的难度加大。

(三)流动性风险

资产证券化是指将缺乏流动性的资产,转换为在金融市场上可以自由买卖的证券,使其具有流动性的行为。P2P 网贷平台首先将借款方的债权证券化,然后把证券化之后的债券重新组合,打包再卖给出借人。资产证券化产品通过网贷平台可以面向更广泛的网络用户。

资产证券化产品往往为标准化产品,在期限、利率上需要统一。平台需要将挖掘的借款项目进行拆分和匹配。拆标是指将较大的金额拆分成等额的小金额,拆期是将长期拆分成短期。同时,期限错配包括两种模式:一是将短期项目投入长期项目中,到期的投资者资金通过后续投资者的资金进入补充;二是为了保证融资成功,平台提前一段时间进行项目展示融资。由于资产证券化项目与实际标的之间存在时间差和资金差,一旦后续投资人的资金无法持续,将带来资金流动性危机。

二、解决资产证券化风险的对策

(一)完善信息披露制度

资本市场是一个众多机构和众多个人参与的市场。每个人的神经都和资本市场的曲线联系在一起,行情起落影响着人们的心情和表情,影响着社会的幸福指数。目前的资本市场一直处于不断试错的过程,即它并不是一个规范和健全的资本市场。在这个市场中由于信息不对称和缺乏监管,因此充满着各种舞弊、欺诈和投机。完全依靠市场自我修复,可能要支付过高的社会成本。为此,建立证券市场的信息披露制度就显得尤为重要。在立法技术方面,可以将资产证券化的信息披露系统纳入证券法的框架之内,有特殊规定的依从特殊规定。信息披露制度作为在政府监管主导下由自律监管组织和市场中介机构充分发挥监管作用,并通过严格的法律法规对证券市场实行集中和统一监管的制度有效地解决了证券投资和交易中普遍存在的信息不对称,增强了市场的透明度和投资者的信心,从而促进了市场的发展和繁荣。正确的制度安排和证券交易委员会的有效监管,可以给资本市场带来稳定发展的平台,为资本市场带来巨大的经济利益。

(二)建立健全信用评估体系

现代市场经济是信用经济,没有完整的信用体系就不可能有成熟的市场经济,所以加快建立健全信用评估体系建设就有着特殊的意义。在许多资产支持的证券结构融资中,用于消除风险的方法是第三方担保,通常以担保人的担保或信用证的形式出现。该担保提供了一个"大钱袋",可以补偿资产质量的损失,还可以提供针对证券化风险的物质保护。担保提供的保护可以在资产的首次损失保护和 100％的证券保护之间变动。无论哪种情况，投资者都应了解担保的局限性以及担保下的付款限制和付款保留，并应在审查交易时调查不同担保人的尽职程度。

为促进资产证券化的健康发展，政府应该采取各种措施完善信用评级制度及其运作过程。政府应该强化对国内现有的中介机构的管理，尽量减少信用评级工作中弄虚作假、乱收费等违法乱纪的事件发生。为建立一个独立、公正、客观、透明的信用评级体系，也可以考虑设立一家专业从事证券化信用评级服务的机构，或者选择一家或多家国际上运作规范的、具有较高资质和声誉的中介机构，参与我国的资产证券化业务服务。规范信用评级制度和运作过程，是有效防范资产证券化信用风险的基础性工作。

（三）加快人才培养进程

有效的资产证券化的风险管理与控制不仅是一门管理科学，更是一门不断发展变化的行为艺术。要以国家金融安全的战略高度来审视资产证券化的风险管理，必须从法人、高管到每个从业人员都树立全面风险管理的意识，进而融入企业文化当中，落实到业务经营的各个环节、各个岗位。从风险管理的顶层制度设计到管理体系的建设，需要一大批顶尖的管理人才，需要不断提高资产证券化的水平，需要不断完善风险管理专业教材，培养出一批又一批合格的风险管理专业人才。资产证券化的风险管理既要靠全行业人员的不懈坚持和努力，又要有各级政府的理解和支持、社会各有关部门和企业的配合；既要坚持依法依规办事，又要做好人的工作。所以，风险管理也可以说是一项多元的系统工程，要看大势、揽全局、讲政策、讲制度、讲方法。这就要求银行从业人员和监管人员从发展的角度认识金融风险，适应新情况，不断深化风险管理的理念，更新知识结构，拓宽全面风险管理和监管视野，为证券化操作风险管理配备适当的资源，有利于资产证券化项目健康、快速的发展。

第五章　企业并购

　　企业并购所能实现的目标不止是在形式上将企业进一步扩大，还有在并购完成后为企业带来更多的竞争优势以及实际效益，通过资源互补的形式塑造并购企业内部的一体化，从而达到1+1＞2的实际效果。一般来说，企业进行并购活动就是为了提升企业价值，并耗费尽量少的时间将企业的整合以及改造等工作高效完成。企业并购作为资本自由流动、产权自由交易的主要表现形式，是市场经济长期发展下诞生的必然产物。按照权威部门发布的数据表明，近年来我国企业开展的并购活动以逐年超过70%的增速不断增加，同时由于股权分置改革工作的推进，市场经济的未来走向也日益清晰，开始走向以上市企业并购为主导的经济形势。企业兼并收购是未来企业转型发展的最佳途径之一，但是关于企业并购的研究在我国目前还比较少，包括企业并购中存在的风险以及具体应对措施的相关研究，都停留在较为初级的阶段，想要清晰地认识并购的优势以及并购双方企业在并购中所尽到的责任和义务，需要进一步对企业并购展开深入的研究与分析。[1] 本章在介绍企业并购基本理论的基础上对上市公司并购、杠杆收购和管理层次收购、并购的主要风险及应对措施进行了阐述，并结合作者的相关论文，对企业并购中的相关问题进行了实证分析。

---

[1]　陈冠华．企业的并购研究：F企业案例[D]．杭州：浙江工业大学，2019．

第一节　企业并购概述

一、企业并购的含义

企业并购这一概念在我国并没有得到统一使用,这是因为我国并没有在立法层面明确企业并购这一概念。按照国际惯例,企业并购通常是指企业兼并与收购(Mergers and Acquisitions),统称为 M&A,我国则简称为"并购"。同时,我国台湾地区相关规定也使用这一概念,并且我国台湾地区还于 2002 年颁布了"企业并购法"。虽然我国大陆学者在研究企业并购问题时,也大量借用企业并购的概念,却经常在不同的意义上使用,有借用欧美之并购内涵,亦有借中国台湾地区并购之意,这造成了"并购"变成了完全不具有确定性的法律概念。这种采不同含义之用法严重破坏了劳动立法研究的前提。同时,对企业重组的概念进行审视也会发现,企业重组是经济学上的概念而并非制定法上的概念,它是指对企业的资金、资产、劳动力、技术、管理等要素进行重新配置,构建新的生产经营模式,使企业在变化中保持竞争优势的过程。企业重组贯穿于企业发展的每一个阶段。它包括业务重组、资产重组、债务重组、股权重组、人员重组、管理体制重组等模式,具体的重组方式表现为合并、兼并收购、接管或接收、标购、剥离、分立破产等。显然,企业重组的概念过于宽泛,不利于准确地表达企业所发生的影响劳动者利益的变动形式。

当前,我国并没有制定针对企业并购的法律法规,这就导致无法对这部分内容进行严格有效的规制。同时,我国现行《公司法》中没有明确规范公司并购这一概念,仅仅在第九章对公司合并、分立、增资、减资,第十章对公司解散与清算进行了限定与规制。这两章规定被视为研究企业并购类型的依据。公司法学界对公司组织形式变动类型也持有多种认识。归纳起来主要有以下几种观点。一种观点认为,公司组织形式的变动应分为公司内部组织结构的变更和公司外部组织结构的变更,并将其进一步概括为"公司章程的变更、公司的重组或重构、公司组织结构的消灭"。另一种观点认为,公司组织形式的变动包括组织变更和财产变更两个方面。这种观点较倾向于日本的分类模式。还有一种观点认为,公司主体(包括合并与分立)、公司形式、公司资本、公司章程等重大事项发生变化都属于企业组织形式的变动。此外,《中华人民共和国劳动合同法》首次在国家立法层面对于企业组织形式变动引起的劳动合同问题加以规制。不过,我国劳动立法仅对合并、分立两种情况进行了一定程度的立法规制,并确立了劳动合同承继制度。但当前,企业组织发生变动频繁,形式日益多样化,间隔愈渐短期化,现行劳动立法的规定显然有些力不从心,对于合并、分立之外的企业并购类型应如何规制成为新的法律问题。

二、企业并购的主要程序

(一)企业并购的准备

1. 选择并购目标公司

对于企业并购而言,选择合适的目标公司对于整个并购过程的顺利推进具有基础性作用,一旦在这个步骤出现差错,很容易造成后面的步骤难以推进。企业在选择并购目标公司时,需要考虑多种因素并遵循一定的原则,把握恰当的并购时机。

(1)选择目标公司的考虑因素

第一,相关政策和法律规定。在选择目标公司时,应该将国家政策、法律规定作为一项重要的考虑因素。我国并未对企业并购专门立法,相关规定散见于各部法律法规之中,各地出台的相关政策也不尽相同,这增加了企业并购的法律、政策风险。企业进行并购时,应注意关政策、法规的限制,如我国对于外资并购和国有企业并购等的准入限制、对经营者集中的审查、相关的审批程序的规定等,以防因政策、法律限制而无法实现收购计划。除了限制,我国相关部门也规定了一些支持政策,特别是吸引外资方面。企业在选择目标公司时,也可利用相关优惠政策,减少并购成本。

第二,目标公司所在行业状况。行业状况是影响企业经营的重要因素,因此并购企业在选择目标企业时应该充分了解并掌握相关行业状况。如果企业计划在目标公司所处行业继续经营,首先需要考虑该行业的发展状况。一般而言,应回避"黄昏企业"。其次,应考虑所选行业的市场饱和度。在供求关系保持平衡的情况下,如果企业还有发展空间,则可以考虑入驻。另外,还需考虑行业的准入限制等情况。

第三,目标公司的企业规模。一家公司的规模与其盈利能力、市场话语权和商誉价值等之间具有紧密联系,因此选择目标公司一定要考虑其规模大小。对于以并购方式进入新市场为目的的并购公司而言,企业规模因素尤为重要,并购一定规模的目标公司,有助于并购企业提高市场份额,迅速占领市场。但是,规模越大,并购成本相对也越大,而且规模越大,意味着企业的管理体系也愈加复杂,对并购公司的管理层的要求也更高。因此,公司在选择目标公司时,应根据并购计划和自身状况,选择合适规模的目标公司。

第四,目标公司的盈利潜力。目标公司一般属于经营不善的微利或者亏损企业,而盈利是企业的最终目的。因此,并购企业在选择目标公司时,需要考虑自身的整合能力。只有通过整合后,目标公司有较大可能实现盈利,才可作为备选方案。企业的盈利潜力受到企业管理制度、技术研发水平、行业发展状况等多方面的影响,企业在评估目标公司的盈利潜力时,需要综合考虑多方情况。此外,并购企业还可利用亏损企业的未弥补亏损,获取一定的税收收益,减少并购成本。

(2)选择目标公司的基本原则

第一,保证并购价值最大化。公司选择并购并不仅仅是为了扩大规模,更是为了实现更大的盈利。企业在选择目标公司时,不可一味地追求风险最小化、规模最大化。如果企业所选择的目标公司处于黄昏期,其市场已经接近饱和,发展前景也有限,那么即使风险再小,规模再大,也不值得企业实施并购。此外,企业在并购时,也不能仅着眼于追求当前的并购成本最小化,还应考虑企业的未来盈利潜力,一个合适的目标公司应为并购企业带来新的增值潜力。

第二,保证并购风险最小化。企业并购是一项复杂工作,这意味着企业并购过程中要面临各种风险,如因企业文化差异、企业管理制度和薪酬标准差异、企业战略差异等造成的经营风险和管理风险等内部风险以及政策风险、法律风险、国际环境风险等外部风险。企业在选择目标公司时,应尽可能地规避相关风险的发生,都存在风险的,两害相权取其轻。为避免在整合阶段遭遇困难,企业应预先收集有关目标公司的人力资源、管理团队、企业文化、经营理念以及被并购企业的市场客户、战略伙伴的态度等方面的信息,审慎地评估可能存在的整合风险。对于不可避免的风险,还应做好充分的应对准备。

第三,保证并购符合公司的战略布局。企业并购的最终目的是更好盈利,并且很多时候企业选择并购并不仅仅为了实现短期盈利增加,而是为了实现长期盈利增加,这就要求并购行为必须服务于公司的最高战略布局。例如,阿里帝国收购优酷土豆,其并购成本显然不低,但是该并购可以使阿里集团掌握从电影制作到发行的整个环节,并且弥补了集团在网络视频播放平台上的短板。即使短期看来,并购成本较高,收益在短期内可能难以实现,但因其与公司战略部署完全匹配,故阿里巴巴最终仍选择将其作为目标公司。

第四,保证协同效应最大化。实际上,实现协同效应最大化是企业并购的一个重要动机。企业规模的扩大意味着该企业在市场上拥有了更大的话语权,甚至有权参与国家相关政策的制定;协同效应的存在还使两个企业的资源能够得到充分利用,减少生产、销售环节的成本以及管成本。企业并购使两家企业融为一体,优势互补,而市场行为步调一致,也有利于提高企业的抗风险能力。企业在选择目标公司时,应以协同效应最大化为原则。

(3)选择正确的并购时机

企业并购最终能否实现将受到宏观经济形势、市场形势和企业发展状况等多方面的影响。企业并购不仅需要选择合适的目标公司,还应选择恰当的并购时机。一般来说,在经济转型、经济波动时期企业并购频繁,促进行业洗牌。

企业在不同的发展阶段,应该选择不同的并购战略。在创业初期,企业可以选择内生性的发展方式,以培养自己的核心竞争能力并积累并购资本。在行业进入衰退期后,企业可以通过并购向其他"朝阳行业"发展,实现公司顺利转型。

2. 制定企业并购方案

(1)明确企业并购方案的内容

一般情况下,公司制定并购方案会包括以下内容:目标企业基本情况、并购形式、操作方式、并购价格估算、并购后投资规划、并购与项目筹资安排、价款支付方式、财税处理、人员安置、治理整合、预期收益预测、并购进程时间表、高管人员派遣、相关事务安排。制定方案时,作为收购方应以评估价格为基础,研究确定收购底价及谈判价格区间。

(2)明确企业改制重组方案的内容

改制重组企业基本情况如下:确定企业基本情况,这主要包括企业的名称、住所、法定代表人、经营范围、注册资金和现有股东及投资额等基本情况;企业的财务状况与经营业绩,包括资产总额、负债总额、净资产、产能与产销量、市场份额、主营业务收入、利润总额及税后利润;企业职工的基本情况,包括现有职工人数、年龄及知识层次构成。

企业改制重组的必要性和可行性如下。首先,要明确企业改制重组的必要性,包括业务发展情况及阻碍企业进一步发展的障碍和问题。其次,要明确企业改制重组的可行性,结合企业情况和改制方向详细阐明企业改制所具备的条件、改制将给企业带来的正面效应。

制定企业重组方案,具体如下。第一,明确股东基本情况,包括法人股东、自然人股东的基本情况,如有职工持股等其他形式的股东,要详细说明其具体构成、人数、出资额、出资方式等。第二,确定股东结构和出资方式,包括改制后企业的各股东名称、出资比例、出资额和出资方式。第三,确定资产重组方案。根据改制企业产权界定结果及资产评估确认额,确定股本设计的基本原则,包括企业净资产的归属、处置,是否需增量资产投入、增量资产投资者情况等。第四,确定业务重组方案。根据企业生产经营业务实际情况,并结合企业改制目标,采取合并、分立、转产等方式对原业务范围进行重新整合。第五,确定人员重组方案,涉及企业在改制过程中企业职工的安置情况,包括职工的分流、离退人员的管理等。第六,确定企业拟改制方向及法人治理结构方案,包含选择哪种企业形式(有限责任公司、股份有限公司或其他形式)。法人治理结构方案包括改制后企业的组织机构及其职权如最高权力机构,是设立董事会和监事会,还是设执行董事、监事,经营管理层的设置等。第七,确定下属企业处置方案,包括下属企业的数量、具体名单、经济性质和登记形式(附法人代表及工商营业执照登记资料)。如果下属企业有两层以上结构,即下属一级企业还下设一级或若干层次企业,要详细列出层次、结构。一般来说,企业改制,其下属企业资产列入改制范围的应一并办理改制登记。

除了以上工作外,企业改制重组还需要明确以下几方面内容。首先,明确资产或股权重组方式。在企业改制重组中,应根据自身情况和条件选择资产重组方式,既可单独运用一种方式,也可同时运用本书第一章介绍的几种方式对企业进行改制重组。其次,确定出资认购股权或股权转让对价。确定资产评估或企业商业价值评估方式,初步测算投资入股价格或股权出资价款,初步确定支付方式,列明企业改制重组需要履行的审批程序和审批部门。最后,还需要对改制重组工作进程及时间进行科学合理的安排。

3. 开展法律尽职调查

(1)明确尽职调查目标

企业并购必须执行严格的法律尽职调查,这是检查调查对象是否存在法律问题的重要途径。需要注意的是,在实践中并不是所有的法律问题都在尽职调查的目标范围内。如何明确尽职调查目标,使得律师在后续调查过程中做到勤勉与尽责,需要考虑多个因素,如要充分掌握并考虑客户的委托事项、充分考虑并购方式及交易特征、充分考虑调查目标的情况。

(2)明确法律尽职调查关键点

在开展法律尽职调查时,在确定了调查目标的基础上,律师应该在充分考虑本次调查涉及的相关事项的前提下,明确尽职调查关键点。律师不可能熟悉所有业务涉及的法律法规,因此针对调查对象业务类型、公司类型把握有针对性的法律法规,梳理整理与交易事项有关的所有法律法规,明确尽职调查的重点和关键点就显得尤为重要。

(3)制订尽职调查计划

律师在明确尽职调查的关键事项后,应该根据实际情况制订合理的尽职调查计划,这是顺利开展之后工作的基础,只有在制订科学合理的计划的前提下,才可以合理安排尽职调查时间、落实尽职调查重点事项、达到尽职调查目标。一份完善的尽职调查计划应包括尽职调查清单、尽职调查手段和方法、尽职调查注意事项等多方面的内容。一般情况下,律师为了制订科学合理的尽职调查计划,会将所有与调查目标有关联性的法律事实逐条列明,也就是拟定一份尽职调查清单。需要注意的是,这份清单中应该包括尽职调查的重点事项。

(4)贯彻落实尽职调查,并对结果进行法律分析

按照尽职调查计划予以落实,在尽职调查过程中,律师应根据尽职调查清单收集材料,并根据实际情况随时调整尽职调查计划;最终,律师结合尽职调查了解的事实情况进行法律分析,得出尽职调查结论。得出尽职调查结论后,律师应及时、完整地制作工作底稿并存档,避免丢失或对外泄露。

三、企业并购的执行

在经过企业并购的准备阶段后,并购进入正式的执行阶段。

(一)签署法律文件

一般情况下,当一方提交并购方案并完成尽职调查后,并购双方便会就并购相关事宜展开谈判,谈判内容十分广泛,最核心的内容包括并购价格、时间节点、并购的方式等内容。企业在进行谈判之前,应确定一个可行的底线,并在首次报价时留下讨价还价的空间。此外,要考虑价格并非并购的唯一要素,不以双赢为出发点的并购交易很少能创造真正的价值,企业无疑要考虑财务价值,但并购活动能为企业带来的各种软性收益同样不容忽视。并购成本虽然十分重要,但我们不应将其孤立在各种非经济因素以外来单独看待。

一般而言,并购所涉及的法律文件包括:保密协议、并购备忘录、条款清单、股权转让协议/资产转让协议/增资协议、更新后的公司章程或公司章程修正案。

(二)办理变更程序

并购双方在达成一致意见并签订并购协议后,需要根据法律规定上报相关部门,对并购行为进行审批,通过审批后并购才可

生效。同时,企业需向有关部门办理企业工商登记(包括变更登记)、企业注销、房产变更、土地使用权转让等手续。

1. 收购国有企业的资产或股权的情况

对于这种情况,需要首先获得履行对该企业的出资职责的国有资产监督管理委员会的审批同意。对于上市公司重大并购重组的行为,如果构成借壳上市的上市公司重大购买、出售、置换资产行为,则需要证监会审批。

2. 外国投资者并购境内企业的情况

具体来说,这是指外国投资者并购境内企业,并设立中外合资经营企业的情况。在这种情况下,合营各方签订的合营协议、合同、章程应报商务部或地方商务主管部门审查批准。合营各方同意延长合营期限的,应在距合营期满 6 个月前向审查批准机关提出申请。双方同意终止合营协议的,也应报请审查批准机关批准,并向国家工商行政管理主管部门登记。不涉及国家规定实施准入特别管理措施的则前述审批事项适用备案管理。

四、企业并购的资源整合

企业并购并不止于并购协议签订,也不止于相关手续办理完毕,并购整合也是企业并购的一个重要程序,其中最基本也是最重要的就是人力资源整合。

在企业并购中,并购企业需要依法安置目标公司的原有职工,并根据公司的战略以及并购协议重构管理层,为防止影响决策效率,企业在实施并购之前便需要对目标公司的管理体系进行审查,确定合适的管理方式,以规避并购后出现管理层决策困难或管理层集体辞职等影响企业运转的情况。同时,企业应统一双方的薪酬方法,有效保留核心员工,消除企业间因报酬不均而产生的矛盾,并根据公司战略制定恰当的报酬和奖励机制,以激发员工的积极性。人力资源整合是一项艰难的工程,尤其是不同行业的人力资源整合,由于背景不同,员工的素质、能力、价值观存在较大差异,要进行人员的整合存在较大难度,需要根据人员的素质、能力进行因地制宜的调配,价值观差距较大的员工如果无法调整,就只能选择解除劳动关系,否则对员工和公司均不利。

第二节 上市公司并购

一、我国上市公司并购重组市场现状

(一)交易单数减少,产业整合第三方并购成为市场主流

2016 年 9 月,证监会为了规范上市公司并购重组市场,对《重组办法》进行修订并发布监管问答,完善重组上市认定标准,从严监管重组上市。与此同时,IPO 审核重启,审核速度加快,不少拟上市主体选择通过 IPO 首次公开发行上市。随着重组上市审核门槛的不断提高,2016 年证监会核准的重组上市仅 19 单,2017 年证监会核准的重组上市不足 10 单,较 2015 年的 37 单下降明显。[①]

随着市场经济发展,第三方并购成为常见的上市公司并购重组方式。具体来说,第三方并购就是上市公司向除控股股东、实际控制人及其关联人以外的第三方主体发行股份购买资产的交易行为,交易完成后,上市公司控股股东和实际控制人不变。由于重组上市交易单数骤减,第三方并购成为上市公司并购重组的主流,占比均超过 60%。根据标的资产与上市公司主营业务是否

---

① 证监会:近期终止 9 单重组,严打借壳乱象[EB/OL]. https://baijiahao. baidu. com/s? id=15629956615759141&wfr=spider&for=pc.

相同,第三方并购可以分为同行业产业整合及跨行业产业转型两大类,行业整合旨在扩大产能、市场,或是连接上下游形成全产业链;产业转型主要为整合淘汰落后产能,扩张业务进入新领域,交易完成后上市公司变更为主营业务或双主业。

经济增速放缓,部分传统行业停滞增长,第三方并购是上市公司进行产业结构调整的工具。从全球市场来看,美国资本市场六次并购浪潮也是第三方并购。因此,第三方并购作为市场化并购的主力军,未来仍将是上市公司并购重组的主要交易形式。

(二)国有资产积极参与并购重组,推动供给侧结构性改革

从 2013 年底开始,中央及地方纷纷出台深化国资改革的各项文件。国有资产证券化、供给侧结构性改革、混合所有制等成为新一轮国资改革的关键词,而这些目标均可以通过上市公司并购重组来实现。例如,2017 年备受瞩目的宝钢武钢合并,整合淘汰落后产能,提质增效,促进钢铁行业去产能,推动供给侧结构性改革。

(三)上市公司并购重组涉及的行业呈多元化趋势

1. 新兴行业成为上市公司并购重组的新蓝海

当前我国正处于社会经济转型的关键时期,虽然经济增长速度减缓,但从整体上看,我国经济仍处于稳定增长中。据统计,在 2016 年至 2017 年 10 月底的新上市公司中,高新技术企业有 495 家,占比达到 82%。[①] 从高层观点来看,2017 年 11 月,中国证监会主席刘士余提出,发审委委员只有及时拥抱新技术、洞悉新业态,才能履好职、尽好责,把好资本市场的入口关。上海证券交易所(以下简称"上交所")时任理事长吴清提出新蓝筹行动,培育优质上市资源,助力新技术、新产业、新业态、新模式的发展壮大。

---

① 中国证监会官员:22 个月新上市 605 家公司 82%为高新技术企业[EB/OL]. http://www.chinanews.com/stock/2017/12-05/8393006.shtml.

从高层观点来看,新经济、新产业、新业态、新技术已经成为未来优质上市资源的重要组成部分,也是上市公司并购重组优秀标的的重要来源。可以预见的是,未来优质上市标的资产重点包括两个方面:一是高新技术企业,支持创新型的新经济企业;二是推进供给侧结构性改革等国家战略的国有企业。

与机器设备、资产、产品、客户相对清晰的制造业等传统行业不同,新兴行业有很强的特性,产业逻辑及盈利模式不清晰,特别是在尚未有已上市可比公司的情况下,经营和盈利模式存在理解难度,若同时存在业绩波动或者资质、处罚等问题,存在被否决的风险。对于这类新兴行业企业,在筹备上市过程中,企业需要及时规范,充分披露行业经营模式、盈利模式、发展特点等,便于投资者与监管部门理解。另外,新兴行业中轻资产公司高估值的合理性,与上市公司原有主业的整合等问题也是重组交易中非常关键的问题。

2. 上市公司并购重组应审慎对待限制类、淘汰类行业

按照我国相关法律规定,上市公司购买的标的资产的一个重要前提是符合行业主管部门的相关规定。也就是说,只有依法获取营业执照和必备经营资质才可以购买相应的标的资产。对于限制类、淘汰类行业需要审慎对待,新增项目一般是禁止的。并购此类项目,需要充分解释,一是标的资产是否合法存续,具备必备的经营资质;二是标的资产置入上市公司,进行证券化,是否存在限制;三是上市公司收购标的资产,标的资产股东变更的交易是否需相关主管部门审批或备案。另外,还需解释收购必要性的问题。在标的资产所属行业下行甚至标的资产亏损的情况下,收购原因是为解决同行竞争、看好未来,还是整合淘汰落后产能。

(四)上市公司并购重组获得良好绩效

从当前我国上市公司并购重组的实践中可以看出,这一行为会在很大程度上影响上市公司的股权结构、资产和负债结构、主营业务及利润构成,有利于提高行业集中度,改善上市公司资产质量,改善产业结构,实现资源的优化配置。许多成功的并购重组案例实施后,上市公司绩效改善显著,盈利能力和市场表现提升明显,基于股本扩大和每股收益提升,业绩与市值双双增长。

二、上市公司并购模式

(一)要约收购

我国《证券法》和《上市公司收购管理办法》对上市公司的要约收购进行明确规定,按照相关规定,上市公司要约收购主要包括以下程序。

1. 制作收购报告书和公告

收购方选择要约方式收购上市公司股份的,首先需要制作要约收购报告书,聘请财务顾问,通知被收购公司,同时对要约收购报告书摘要作出提示性公告。本次收购依法应当取得相关部门批准的,收购人应当在要约收购报告书摘要中作出特别提示,并在取得批准后公告要约收购报告书。

2. 预受要约

预受要约是针对被收购公司而言的,也就是指被收购公司的股东同意接受要约的"初步"意思表示,要约收购期限内不可撤回之前不会构成承诺在要约收购期限届满前3个交易日内,预受股东不得撤回其对要约的接受。在要约收购期限内,收购人应当每日在证券交易所网站上公告已预受收购要约的股份数量。

3. 要约期满

要约期满对全面要约和部分要约有不同规定。对于全面要约而言,以终止被收购公司上市地位为目的的,收购人应当按照收购要约约定的条件购买被收购公司股东预受的全部股份;未取得中国证监会豁免发出全面要约的收购人应当购买被收购公司股东预受的全部股份。对部分要约而言,收购期限届满,发出部分要约的收购人应当按照收购要约约定的条件购买被收购公司股东预受的股份,预受要约股份的数量超过预定收购数量时,收购人应当按照同等比例收购预受要约的股份。

4. 股东可要求收购人收购未收购的股票

在收购行为完成前,其余仍持有被收购公司股票的股东,有权向收购人收购要约的同等条件出售其股票,收购人应当收购。收购行为完成后,被收购公司不再具备《公司法》规定的条件的,应当依法变更其企业的形式。

5. 股票更换

上市公司并购相较于非上市公司而言多出一个股票问题,通过要约收购方式获取被收购公司股份并将该公司撤销的,视为公司合并,被撤销公司的原有股票由收购人依法更换。

6. 收购情况报告

按照相关规定,收购方在收购期限届满后 15 日内,需要向证券交易所提交关于收购情况的书面报告,并予以公告。收购上市公司的行为结束后,收购人应当在 15 日内将收购情况报告国务院证券监督管理机构和证券交易所,并予以公告。

(二)间接收购

1. 收购方权益披露

收购方虽然不是上市公司的股东,但通过投资关系、协议、其他安排导致其拥有权益的股份达到或者超过一个上市公司已发行股份的 5% 未超过 30% 的,应当按照《上市公司收购管理办法》

有关权益披露的规定履行报公告义务。在初始披露方面,收购人及其一致行动人通过间接方式可支配表决权的股份达到 5% 时,进行初始披露。

2. 强制要约的情形

按照我国上市公司并购相关法律规定,当收购人拥有权益的股份超过该公司已发行股份的 30% 时,应当向该公司所有股东发出全面要约,启动强制要约程序。收购人预计无法在实施发生之日起 30 日内发出全面要约的,应当在前述 30 日内促使其控制的股东将所持有的上市公司股份减持至 30% 或者 30% 以下,并自减持之日起 2 个工作日内予以公告;其后收购人或者其控制的股东拟继续增持的,应当采取要约方式。

3. 豁免强制要约的申请

上面已经提到间接收购可能出现强制要约的情形,对于触发该情形的收购人而言,可以根据实际情况选择采取相应行为:一是发出要约,进行要约收购;二是申请豁免强制要约,获得豁免后进行收购。

(三)协议收购

1. 协商谈判,办理相关手续

协议收购是建立在双方协商基础上的收购行为,因此这种形式通常为善意收购,只有这样双方才有可能达成协议收购方在开始正式收购之前,会先和目标公司的大股东(股份拟受让方)以及目标公司董事会进行秘密沟通,提出收购意向,双方就收购事项进行磋商和谈判,最终就收购事宜达成一致意见。

2. 申请股权转让批准

在实践中,上市公司并购可能涉及国有股或外资股的收购,发生这种情形需要上报有关主管部门对股权转让申请审核批准。依据《上市公司收购管理办法》第 4 条的规定,上市公司的收购及相关股份权益变动活动涉及国家产业政策、行业准入、国有股份转让等事项,需要取得国家相关部门批准的应当在取得批准后进行。外国投资者进行上市公司的收购及相关股份权益变动活动的,应当取得国家相关部门的批准,适用中国法律服从中国的司法、仲裁管辖。

3. 签订公司收购协议

对于上市公司收购而言,签订股权转让协议是核心环节,该文件是收购过程中最重要的法律文件,股权转让协议中需要明确收购股份的数量、价格和履行方式、期限、双方的权利义务,并且保证双方对此达成协商一致。

股权转让协议实行的是有限的意思自治原则,即协议双方只能在证券法律规范允许的范围内进行自由的协商。如果双方的协议内容超出了有关证券法的强制性内容,这些条款则是无效的。

4. 对收购相关事宜进行法定报告、公告

(1)履行收购协议前的公告

按照我国相关法律规定,选择协议收购的,收购人需要在达成收购协议的 3 日内,将该协议向国务院证券监督管理机构及证券交易所作出书面报告,并予以公告;在未作出公告前,不得履行收购协议。

(2)权益变动报告与公告

通过协议转让方式,投资者及其一致行动人在一个上市公司中拥有权益的股份拟达到或者超过一个上市公司已发行股份的 5% 时,应当在该事实发生之日起 3 日内编制权益变动报告书,向中国证监会、证券交易所提交书面报告,通知该上市公司,并予以公告。投资者及其一致行动人拥有权益的股份达到一个上市公司已发行股份的 5％后，其拥有权益的股份占该上市公司已发行股份的比例每增加或者减少达到或者超过 5％的，应当依照前款规定履行报告、公告义务。

需要注意的是，上述两款规定的投资者及其一致行动人在作出报告、公告前，不得再行买卖该上市公司的股票。

（3）收购结束后的报告

按照我国相关法律规定，选择协议方式收购上市公司股权的，收购人需要在完成收购行为后的 15 日内，将收购情况报告中国证监会和证券交易所，并予以公告。

5. 双方依法履行收购协议

在完成以上步骤后，收购方与被收购方应该按照协议内容正式进入履约阶段。双方应当按照协议中约定的关于拟转让的股份的数量、价格、支付方式、履行期限等规定履行收购协议。

6. 办理上市公司收购相关手续

双方应当按照证券交易所和证券登记结算机构的业务规则和要求，申请办理股份转让和过登记手续。完成收购报告书公告后，相关当事人应当按照证券交易所和证券登记结算机构的业务规则，在证券交易所就本次股份转让予以确认后，凭全部转让款项存放于双方认可的银行账户的证明，向证券登记结算机构申请解除拟协议转让股票的临时保管，并办理过户登记手续。

7. 补充公告

收购人在收购报告书公告后 30 日内仍未做好相关股份过户手续的，应当立即作出公告，说明理由；在未做好相关股份过户期间，应当每隔 30 日公告相关股份过户办理进展情况。

第三节 杠杆收购和管理层收购

一、杠杆收购

(一)杠杆收购的含义

杠杆收购(Leverage Buy-out,LBO)是指某一企业拟收购其他企业并进行结构调整和资产重组时,以被收购企业的资产和将来的收益能力作为抵押,通过大量举债筹资,向股东购买企业股权的行为。收购公司不必拥有巨额资金,只需以目标公司的资产及营运所得作为融资担保或还款来源,所贷得的金额即可兼并任何规模的公司,实现"以小搏大"。

(二)杠杆收购的主要程序

1. 杠杆收购的准备阶段

在进行企业收购时,必须做好准备工作,这是为了之后的工作可以顺利推进,这主要包括确定发起人、制定杠杆收购方案以及对一些具体细节的规划等。概括地说,在准备阶段的方案中,应包括调查和选择目标公司;制定收购策略与战术,根据市场条件和自身实力选择适当的杠杆收购模式;确定收购中交易价格的范围;对目标公司具有潜在利害关系和影响力的团体与个人进行公关;选择投标方式;草拟收购合同;收购时机的选择以及时间安排。可以说,收购方案的制定是整个收购工作的基础离开了它,杠杆收购就会如一场失去将领的战斗,以失败而告终。

(1)选择并确定杠杆收购的发起人

一般情况下,杠杆收购的发起人即公司的收购者,他们会先组织投资家,选择投资银行等顾问。有时,投资银行和专门为收购而成立的"精品公司"也可能成为发起人。无论谁作为杠杆收购的发起人,能胜任该工作的企业必须具有相当强的筹资能力(包括直接和间接方式),扩充自有资金的实力,善于管理各类资金的能力;与融资机构有良好的关系和信誉;能够吸引被收购企业管理人员的兴趣,调动其积极性和敬业精神有很强的自律能力。这一切都是保证收购成功的基本条件。发起人确定后,通常是注册一家"模拟公司"或"纸上公司",并以此公司的名义举债,从目标公司股东手中收购股票。表面上这家"虚拟公司"是杠杆收购的主体,但它实际上并非真正的发起人。特别是当买方由多方投资人组成,或者由管理者收购本公司股票时,由这样一家有少量资金注册的公司出面,利用目标公司的资产作担保来贷款,不仅可为融资提供方便,也可以避免法律上的麻烦。

(2)选择并确定杠杆收购的目标公司

在杠杆收购的准备阶段,选择并确定目标公司是一项重要工作。具体来说,这主要是指对拟收购的目标企业进行评价,可以由企业自己进行,也可以聘请财务公司、金融机构的财务专家一起进行。一般情况下,买方在选择目标公司时需要了解并衡量目标企业的管理能力、目标企业的财务状况、目标企业的经营能力,分析目标企业所处的行业环境。

2. 杠杆收购的筹资阶段

相较于一般收购方式,通过大量的债务融资实现收购目标是杠杆收购的主要特征。一般来说,由杠杆收购者自筹收购所需资金总额的10%,然后以公司的资产作为抵押品,向银行借入收购所需资金的50%～70%。银行根据目标公司的财务及经营状况进行信用分析,并决定是否提供融资。

因此,对于杠杆收购的整个过程来说,最重要的环节之一便是筹资,该阶段的工作与杠杆收购是否成功有直接联系,并且直接关系杠杆收购的风险和收益。在收购阶段,对所需资金来源进行合理安排(即杠杆结构规划)相当重要,因为杠杆收购的融资结构最后会演变为合并后公司的资本结构,它对收购后公司价值能否在数年内迅速增加、股票能否顺利上市或转让具有决定性的影响。

3. 杠杆收购的执行阶段

执行杠杆收购实际上就是指杠杆购入阶段。收购者在筹得资金以后,就要开始执行收购。对上市公司而言,收购者出价购进市场上流通的股份,完成收购后,上市公司由公众公司变为私人公司,此即所谓的上市公司私有化。由于杠杆收购的目的并不仅在于通过改善经营功能来获利,并且高比例的负债、大量的利息又迫使收购者急于获取现金还债以减轻债务负担。因此,大多数杠杆收购完成后,都有一个拆卖、重组、再上市的过程。这就需要进入下面两个阶段。

4. 杠杆收购的整改阶段

一般情况下,收购企业在完成杠杆收购后会承受较大负担,这时通常会采取合理措施以提高经营效率,增加企业利润。在这一阶段,企业一般会对目标企业作适度的拆卖,出售部分非核心资产以提高效率、降低成本,同时还可以减抵负债。在投资银行提供了过渡性贷款的情况下,收购完成后一般需安排"再融资",以长期债务替代过渡性货款,并募集资金认购优先股及普通股。同时,整顿优化目标企业的管理经营,使之按收购企业的经营规模方向发展,尽快取得较高的经济效益。

5. 杠杆收购的重组上市阶段

公司在完成杠杆收购后,需要明确一个关键性问题,即是否重新上市。管理层通过降低营运成本和改善营销等途径,致力于提高利润率收回现金。当公司逐步强大,投资目标已经达到,投资者可能将公司再次上市,即逆向杠杆收购。再次上市的目的主要有三:首先,使现有股东的股票能够变现;其次,降低企业的杠杆比率;再次,有部分企业希望借此筹款用于资本支出。

二、管理层收购

(一)管理层收购的含义

管理层收购(Management Buy-out)是指管理层利用杠杆融资对目标企业进行收购。具体来说,是指目标公司管理者或者经理层利用借贷所融资本或股权交易收购本公司股份,从而改变公司所有者结构、相应的控制权格局以及公司资产结构,达到重组本公司目的并获取相应收益的一种收购行为。

(二)管理层收购的主要程序

1. 管理层收购的意向阶段

(1)分析目标公司的财务状况

这主要包括以下内容:一是未来现金流情况,并考察利润空间是否有提升的可能;二是公司负债情况、资本结构、净资产情况以及收入、成本的真实情况,考察公司长短期偿债能力和赢利能力;三是公司内部控制情况,考察公司内部管理、办公成本费用是否有改进的余地。

(2)分析目标公司的经营状况

这主要包括以下内容:一是目标公司的公司背景、营运情况、市场环境和研究开发情况等,二是供应商、客户以及分销商的稳定性。

(3)对目标公司进行法律调查与评价

考察收购存在的法律障碍和解决途径,与收购有关的税收问题;考察公司过去的相关法律事项,确定公司过去的法律问题不会影响收购后新公司的发展。

(4)调查并分析目标公司的治理结构

这主要包括以下内容:一是控制权分配调查,其中包括组织结构、产权调查和信息传播体系调查等;二是激励安排调查,其中包括报酬体系、职位晋升制度等。

除了以上内容外,收购方还应该根据实际情况向相应主管部门咨询,充分参考他们的意见。

2. 管理层收购的准备阶段

在完成对目标公司的全面评估后,管理层收购正式进入准备阶段。这一阶段的工作重点在于组建收购主体,安排中介机构入场。如果需要,寻找战略投资者共同完成对目标公司的收购。管理层在这一阶段需要决定收购的基本方式:是自行完成还是采用信托方式,或是寻求风险基金及战略同盟的参与。此阶段最为重要的问题是对融资的安排问题,要构建结构合理的管理层收购管理团队、设立适当的收购主体、选择专业的中介机构、确定合理的融资结构安排。

3. 管理层收购的执行阶段

(1)评估目标公司价值并确定收购定价

完成准备工作后,收购团队就可以委托聘请的专业评估机构对目标公司进行价值评估,确定可接受的最高收购限价。在确定收购价格时,需要综合考虑目标公司的赢利水平、资产账面价值、企业改造后的预期价值、可能承担的债务以及与外部买主的竞争等因素,把握和利用与原公司决策者的感情因素和公司内幕消息,争取竞争条件下最可能争取的价格优惠。

(2)进行收购谈判,签订收购合同

在这一阶段,管理团队就收购条件和价格等条款同目标公司董事会进行谈判。收购条款一经确定,管理层收购便进入实质性阶段,管理层与目标公司正式签订收购协议书(或收购合同)。收购协议书应明确双方享有的权利和义务。

(3)履行收购合同

在收购谈判达成一致意见并签订收购合同后,收购管理团队按照收购目标或合同约定,完成收购目标公司的所有资产或购买目标公司所有发行在外的股票,使其转为非上市公司。收购完成后,根据收购的具体情况办理下列手续:审批和公证、办理变更手续、产权交接。

（4）发布收购公告

按照我国相关法律规定,管理层收购必须按照要求发布公告,这是执行阶段最后一道程序。通常可以在公开发行的报刊上刊登,也可由有关机构发布,将收购信息公之于众,并开始调整与之相关的业务。

4. 管理层收购的整合阶段

管理层收购改变的只是公司的产权关系,因此收购后的经营整合才是决定收购成败的关键。经营者成为所有者之后,对公司管理层实现了长期激励,但也会使公司失去一些原有的优势,能否实现资产结构的有效调整及业务的重新整合,调动全体员工的工作积极性,开拓市场、促进销售,进而提高企业效益,这些都是管理层需要直接面对的问题。

为了实现管理层收购应有的效果,企业必须建立起一套动态的股权调整策略,这是管理层收购完成后企业员工积极性发挥和企业激励约束机制活力的关键所在。对于刚刚完成管理层收购的公司来说,生存问题是第一位的,比发展更具现实意义。企业需要有一段时间的调整和整合,以稳定局面,度过充满变数和风险的调整期。

第四节　并购的主要风险和应对措施

一、企业并购的主要风险

（一）法律风险

企业并购行为涉及法律繁多,如公司法、税法、会计法、证券法等。可以看出,并购是一项涉及法律关系十分复杂的活动。如果并购公司对知识产权、合同、会计准则、税收等方面的法律知识不熟悉或者操作不当,就可能因违反了相应的法律条款而招致诉讼或者使并购失败。尤其在海外并购中,由于西方国家的法律与国内的法律差异较大,外国法律对反垄断、税收、员工福利等方面的规定比较严格,如果我国公司对被并购公司所在国家的法律不熟悉,很容易触犯相关的规定而陷入诉讼危机,增加并购活动的风险。

(二)信息不对称风险

企业并购过程可能涉及一定商业机密,因此并购企业可能无法获取一些关键信息,一些公司甚至会虚构一些对己方有利的虚假信息,而并购企业很难从繁杂的企业关系中获得目标企业的全部有效信息。因此,在信息不对称的情况下,并购企业与目标公司之间所达成的收购计划可能存在决策失误,从而导致并购计划的目的无法实现。

(三)经营管理风险

首先,不同企业的管理体制并不相同,因此企业并购面临着不同管理体制的摩擦与碰撞,这就可能造成企业经营管理上的许多矛盾,影响企业的决策效率,而薪酬问题若处理不当,将导致人才流失或者企业承担高昂的遣散费用,影响企业的正常运营。其次,新企业借助并购进入新行业后,往往存在经验不足的问题,而被收购企业又处于劣势,决策权力有限,因此企业可能出现决策失误,影响企业并购目的的实现。最后,被并购公司的原有客户和消费群体可能对并购后的公司的产品质量、服务等持观望态度,企业可能因此丧失先机,被竞争对手趁机挤占市场。

(四)企业文化差异风险

企业文化可以说是一家企业的灵魂,不同企业拥有自己独有的企业文化。有的企业强调以柔克刚,后发制人。有的企业则推崇出其不意,先下手为强。企业在实施并购时,可能因企业文化的不同而最终对并购计划的实现产生巨大影响。在跨国并购中,文化差异尤其突出。如果企业文化存在误解或对立,将可能造成人员大量流失,管理陷入瘫痪,威胁到企业的正常运营。

(五)反收购风险

按照并购企业的态度可以将并购划分为善意收购和恶意收购。恶意收购又叫"敌意收购",是指收购公司在未经目标公司董事会允许,不管对方是否同意的情况下所进行的收购活动,一般可以通过收购目标公司股东所持的股份,取而代之成为目标公司的股东,从而实现控制权的变更。

在敌意收购中,收购双方往往会进行一系列的互斗,目标公司可能通过实施毒丸计划(即当一个公司遇到恶意收购时,公司为了保住自己的控股权,大量低价增发新股,目的是让收购方手中的股票占比下降,摊薄股权,同时增大收购成本,让收购方无法达到控股的目的),或者寻找白衣骑士(即目标公司所寻找到的进行收购或合并的"友好"公司)等反收购策略,企业在实施并购时,必须谨慎地估计反收购风险,做好相应的准备。

二、企业并购风险的应对措施

(一)并购风险规避

风险规避是一种常见的企业风险管理办法,这是指并购者根据一定的原则,采用一定的技巧来自觉地避开各种并购风险,以减少或避免这些风险引起的损失。

对于企业并购而言,实行合理的风险规避是保证并购成功的重要策略之一。企业并购的目标是要实现并购价值极大化,但并购价值的增加和获取通常伴随着风险的增加。因此,并购者必须对并购价值与风险同时兼顾,全面权衡。作为一个风险回避者,在各种可供选择的收购项目中,应尽量选择风险较小的项目,而放弃高收益、高风险并存的项目。这就是风险规避策略的一种应用。风险规避策略可以在三种情况下付诸实施:一是当蕴含此类风险的业务项目不是并购的主要业务项目时;二是风险太大而无法承受或风险承担与回报不平衡时;三是风险较为复杂或对其有效管理需要的专业技术和知识超出了并购者现有的风险管理能力,且并购者也无法将其转移时。

(二)并购风险转移

在实践中,并不是所有并购风险都可以采取适当的方式回避,这时就需要采取其他方式应对风险。当并购企业的自身管理能力有限,难以处理某类风险,或者虽然企业有能力处理某类风险,但与其他机构相比也不存在比较优势时,最优的处理方法是进行风险转移。转移风险指的是把将要发生的风险进行转移,以减少自身承担风险强度的行为。金融机构、金融市场,特别是金融衍生产品市场的发展都为并购风险的转移提供了各种工具和便利。

从并购风险应对的实际情况来说,进行风险转移的方式主要有三种。第一种是策略组合,其实质就是根据不同的情况设计不同的并购策略方案,形成一个备用的策略方案组合群,一旦环境出现某种风险,就选用与其对应或接近的方案去实施,从而达到部分转移风险的目的。第二种是策略调整,也就是说将并购策略视为一个随机变化的动态过程,并购者根据环境条件的变化不断调整和修正并购策略方案,以便在风险出现的初始阶段就可将其转移出去。第三种是运用保险手段,并购者可以通过支付一定的保险费用将风险转移给有能力并愿意承担的机构或个人,从而将并购风险限定在一定的范围之内。

(三)并购风险留存

并购风险复杂多样。不可否认的是,在实践中存在一些既无法通过回避也无法通过转移处理的风险存在,并购者只能接受并采取相应的措施来吸收和抵御并购风险。在下面两种情况下,并购者应采取风险留存的策略:一是目标企业的资产或核心业务中所含的风险性质极其复杂,且很难向第三方转移,或转移时伴随的信息披露会降低企业竞争力;二是并购者为了获得某类风险的收益而必须接受这种风险。

对于风险留存策略管理而言,最关键的环节是准备合理水平的风险资本金以抵御和吸收风险,其主要可以通过以下三种方式实现。第一种是等额风险资本金管理方式,虽然它能较好地吸收企业面临的风险冲击,但会导致企业的营运资本比例大大下降,严重影响企业资金的周转能力,降低企业的资本收益率。第二种是固定比率风险资本金管理方式,但其越来越不适应日趋波动的金融市场及复杂的经营业务。第三种方法是精确测定企业由于市场波动而导致的总体风险因素,并据此确定企业的风险资本金水平。目前,更多的是采用价值与风险的评估方法(VAR 方法)和压力试验方法。

第五节　企业并购相关问题的实证分析[①]

一、基于 EVA 模型的并购股东价值实证研究

在资本市场日益扩张的今天,并购被认为是企业扩张的最佳模式,但并购能否为企业带来股东价值的最大化,成为公司治理中日渐关注的问题。本文通过分析前人的研究成果和其可能存在的弊端,并运用 SPSS 软件分析了 409 个并购企业年度 EVA 值、人均 EVA 值和每股 EVA 值 3 个指标在并购前后两个年份内的变动情况,得出用 EVA 模型能够更加客观地反映并购是否增

[①]　本节根据作者发表相关论文整理。

加了股东的价值,更加有利于公司治理。

(一)并购对股东价值的影响分析

并购作为资本扩张最有效的方式之一,一直以来受到全球各行各业的青睐,自 19 世纪以来,全球范围内已经经历了五个大规模的并购阶段,从横向、纵向并购一直发展到现在的战略并购。我国自 1993 年宝安集团收购延中实业的流通股开始,并购在我国资本市场上占据了非常重要的地位。据 cvsource 投中数据显示,仅从 2015 年 1 月 1 日至 2015 年 4 月 1 日,我国并购事件数量就达到 1 163 件,涉及金额达到 250 187.71 美元。[①] 不论世界经济如何变幻,并购始终是市场经济中永恒的话题。

人人趋之若鹜的并购到底能给企业带来什么样的收益?理论界通常认为,并购从企业发展运营的角度看能够为其带来协同效应,从公司治理的角度看能够实现企业价值最大化和股东价值最大化。但是本文认为,企业价值最大化和股东价值最大化这两个目标有时不能够同时实现。企业价值最大化效应考虑并购为相关利益群体创造的总价值,包括股东、债权人、政府、企业员工等。但资本市场的终极目标是追求利润,股东作为资本的投资者,其投资的目的同样是为了追逐利润。如果并购产生的效应不能为股东创造更大的价值,那么资本就不会在企业之间流动,并购事件就有可能失去其应有的效应。因此,本文认为从长远的公司治理角度考虑,股东价值能否得到增加是考察并购效应最重要的指标。

股东价值的最大化一直以来都是美国企业所追求的目标,但是随着安然、世通等多个会计丑闻的曝光,人们越来越发现了追求股东价值最大化带来的弊端。但这并不能说明股东价值最大化这一目标是错误的,而是应当考虑如何来衡量股东价值的最大化问题。

---

① 数据来源:http://source. chinaventure. com. cn.

(二)模型的构建与假说

关于如何衡量和评价并购活动对股东价值的影响,前人的研究分为理论研究和实证研究两种方法。理论研究的学者观点可以分为两大类:一类观点认为,股票价值是股东价值的直接体现,分析股东价值的增减变动应当以股票价值为依据;另一类观点认为,股票价值受市场波动影响较大,股东价值的衡量应当以每股收益为指标,从会计的角度看,每股收益可以直接在会计报表中取得数据,便于大多数信息使用者衡量股东的价值增减变动。

实证研究的大多数学者采用了事件研究法,构建 CAR 模型来计算事件窗口内实际股价与预期的正常股价之间的差额,确定并购事件是否为股东带来了超常收益,从而判断并购对股东价值的影响。孙国申(2003)在研究美国银行业并购对股东价值的影响时采用了修正的事件分析法,依靠银行业的标准普尔指数年均回报(AEV)这个指标来进行分析。

笔者认为,理论研究中的两个指标都不能客观地反映股东价值的变动,股票价值是市场主导下的产物,其增减变动会受到市场供求关系的影响,而且我国目前的股票市场不够发达,单纯依靠股票价值来衡量股东价值有失偏颇;而每股收益虽然可以从会计报表中直接获得信息,但是这一信息受会计利润的直接影响,如果以每股收益作为衡量股东价值的指标,将会加剧会计造假行为的发生。

实证研究中采用的两种方法在研究我国上市公司并购对股东价值的影响时也存在一定的局限性。CAR 模型虽然在股东价值研究中应用最为广泛,但存在两个方面的局限性:一是窗口的选择对结果影响较大,大多数学者选择并购前后 20 天、40 天或 60 天作为研究窗口,但是股东价值的影响应考虑长期性,窗口过小会影响分析结果的客观性;二是单纯应用股价这一变量来衡量股东价值难免有失偏颇,在我国目前的资本市场中,股价变动的影响因素众多,CAR 模型中的变量只有一个,那就是股价,变量选择较为单一,不足以充分说明经济活动对股东价值的影响。行业标准普尔指数虽然较为客观,但只在美国证券市场使用,我国的数据资料中缺乏这一指标。

为了避免 CAR 模型指标的单一性缺陷,本文选择 EVA(经济增加值)模型来研究我国上市公司并购对股东价值的影响。EVA 模型是一种新型的价值分析工具,基于剩余收益的理念构建而成,是衡量业绩最准确的尺度。而且,EVA 指标要求扣除企业的资本成本,这样可以更加客观地反映企业真正的价值增加。

$$EVA=NOPAT-WACC\times C$$

EVA 模型中选取了 3 个变量作为研究参数。NOPAT 表示调整后的净利润是在会计净利润的基础上进行了一些调整确定的。开发公司最初设定的调整项有 160 多项。本文根据我国现行会计准则和上市公司的情况确定了两个大的调整项目:利息支出和少数股东损益,即 NOPAT=会计利润+利息支出+少数股东损益。WACC 表示加权平均资本成本。

$$WACC=\frac{S}{S+B}\times Ke+\frac{S}{S+B}\times Kb(1-T)$$

其中,S 表示公司的权益性资本总额,B 表示公司的债务资本总额,Ke 表示权益资本成本率,Kb 表示债务资本成本率,T 表示企业的所得税率。在研究中,Kb 选择一年期银行贷款利率计算,Ke 采用 5 年内的历史平均收益率计算,C 表示资本总额,既包括权益资本,也包括债务资本。

EVA 模型的使用是以一项假定为前提的:当并购为企业创造的净利润大于全部资本成本时,认为并购为企业创造了经济增加值,也为股东创造了价值增加。这一指标的考核综合考虑了经济利益和经济成本之间的效益关系,避免了单纯的会计指标分析和股价分析带来的片面性,使分析结果更加科学、更加全面。

(三)研究对象与样本选择

本文以 CSMAR 数据库中的并购数据作为数据来源,在样本选择时排除了以下几种情况。

（1）排除了在研究期间被 ST 的企业。

（2）排除了在研究期间数据不全的企业。

通过筛选，在研究企业年度 EVA 值的过程中共获得 409 个样本的相关数据，在研究股东人均 EVA 值的过程中共获得 403 个样本的相关数据，在研究每股 EVA 值的过程中共获得 407 个样本的相关数据。本文的研究以企业并购前后 1 年为事件期，通过 1 年前后的 EVA、人均 EVA 和每股 EVA 这 3 个数值的变动率来分析并购对股东价值的影响。

（四）研究结果分析

通过上述 EVA 模型的计算，本文将 409 个样本并购前和并购后 2 个年度的 EVA 值、股东人均 EVA 值和每股 EVA 值进行了比较，其中人均 EVA＝EVA/股东人数，每股 EVA＝EVA/股数，分别计算出了并购后和并购前相比 EVA 变动率、人均 EVA 变动率和每股 EVA 变动率 3 个指标，并将这 3 个指标输入 SPSS 软件进行了如下分析。

1. 单样本 T 检验

SPSS 软件的描述统计结果和单样本 T 检验结果如表 5-1 和表 5-2 所示，EVA 变动率指标的 409 个样本均值为－1.403184，说明并购后的 EVA 值小于并购前。从均值看，并购并没有增加企业的 EVA，反而使其下降，从这个角度来说，并购给企业整体的股东价值带来了减值的影响；每个企业股东人均 EVA 变动率指标的 403 个样本均值为－2.336458，说明股东的人均 EVA 值也呈下降趋势，并购给股东个人带来的同样是股东价值的减少；每股 EVA 变动率指标的 407 个样本均值为－1.127196，说明每股 EVA 同样呈下降趋势，每股 EVA 值并没有因为并购而上升，反而因为并购而下降。三个指标均为负数，所以从样本的平均值分析中得出的结论是并购导致了企业价值的减少，并且使得股东的价值也减少。

表 5-1　单个样本统计量

	N	均值	标准差	均值的标准误差
EVA 变动率	409	−1.403184	40.2353496	1.9895100
人均 EVA 变动率	403	−2.336458	51.1520890	2.5480670
每股 EVA 变动率	407	−1.127196	31.4238731	1.5576236

表 5-2　单个样本检验

	检验值＝0					
	t	df	Sig.（双侧）	均值差值	差分的 95％置信区间	
					下限	上限
EVA 变动率	−.705	408	.481	−1.4031839	−5.314153	2.507786
人均 EVA 变动率	−.917	402	.360	−2.3364579	−7.345659	2.672743
每股 EVA 变动率	−.724	406	.470	−1.1271965	−4.189211	1.934818

2. 频数分布分析

为了更好地对 3 个指标中数值的分布范围进行统计分析，我们对其进行了重编码，将 EVA 变动率重新命名为 rate1，将人均 EVA 变动率重新命名为 rate2，将每股 EVA 变动率重新命名为 rate3，对 3 个指标的数值分布中变动率＜−1 的重编码为 1，−1～0 之间的重编码为 2，0～1 之间的重编码为 3，变动率＞1 的重编码为 4。对重编码后的 rate1、rate2 和 rate3 三个指标进行了频数分布分析情况见表 5-3 至表 5-6。

表 5-3　统计量

		rate1	rate2	rate3
N	有效	409	408	407
	缺失	0	1	2
均值		2.42538	2.424020	2.371007
中值		2.000000	2.000000	2.000000

		rate1	rate2	rate3
	25	2.000000	2.000000	2.000000
N	50	2.000000	2.000000	2.000000
	75	3.000000	3.000000	3.000000

表 5-4 rate1

		频率	百分比	有效百分比	累积百分比
	1	81	19.8	19.8	19.8
	2	157	38.4	38.4	58.2
有效	3	89	21.8	21.8	80.0
	4	82	20.0	20.0	100.0
	合计	409	100.0	100.0	

表 5-5 rate2

		频率	百分比	有效百分比	累积百分比
	1	81	19.8	19.9	19.9
	2	151	36.9	37.0	56.9
有效	3	98	24.0	24.0	80.9
	4	78	19.1	19.1	100.0
	合计	408	99.8	100.0	
缺失	系统	1	.2		
合计		409	100.0		

表 5-6 rate3

		频率	百分比	有效百分比	累积百分比
	1	80	19.6	19.7	19.7
	2	171	41.8	42.0	61.7
有效	3	81	19.8	19.9	81.6
	4	75	18.3	18.4	100.0
	合计	407	99.5	100.0	
缺失	系统	2	.5		
合计		409	100.0		

从表 5-3 中可以看出,3 个重编码变量的均值都在 2.4 左右,中值均为 2,说明原始指标的数值均值处于 −1～0 之间。也就是说,从平均数值和中位数来看,并购后年度 EVA 值、股东人均 EVA 值和每股 EVA 值均小于并购前,并购导致企业的经济增加值减少。表 5-4 中显示在 409 个样本中,年度 EVA 降低率超过 100% 的企业占到 19.8%,年度 EVA 降低但未超过 100% 的企业占 38.4%,年度 EVA 上升但未超过 100% 的占 21.8%,年度 EVA 超过 100% 的占到 20%。分布比例情况可以从图 5-1 中更直观地看到,有 58.2% 的企业并购前后年度 EVA 变动率<0,即并购后的年度 EVA 值<并购前的年度 EVA 值。表 5-5 中显示在 409 个样本中,人均 EVA 降低率超过 100% 的企业占到 19.9%,人均 EVA 降低但未超过 100% 的占 37%,人均 EVA 上升但未超过 100% 的占 24%,人均 EVA 上升率超过 100% 的占到 19.1%。分布比例情况可以从图 5-2 中更直观地看到,有 56.9% 的企业并购前后股东人均 EVA 变动率<0,即并购后的股东人均 EVA 值<并购前的股东人均 EVA 值,只有 44.3% 的企业并购后的人均 EVA 值增加。表 5-6 中显示在 409 个样本中,每股 EVA 降低率超过 100% 的占到 19.7%,每股 EVA 降低但未超过 100% 的占 42%,每股 EVA 上升但未超过 100% 的占 19.9%,每股 EVA 上升超过 100% 的占到 18.4%。分布比例情况可以从图 5-3 中更直观地看到,有 61.7% 的企业并购前后每股 EVA 变动率<0,即并购后的每股 EVA 值<并购前的每股 EVA 值,只有 39.3% 的企业并购后的每股 EVA 值增加。

3. 多维频数分布分析

从上述单一指标的频数分析中可以看出,半数以上的企业并购之后的经济增加值比并购前要小,使得股东个人和每股经济增加值两个指标都在半数以上企业中出现负值。为了了解这些指标的负值是否发生在同一家企业,我们对 rate1 和 rate3 两个指标进行了多维频数的交叉分析,见表 5-7 和表 5-8。

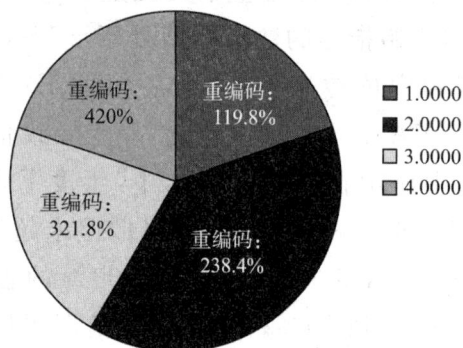

图 5-1　rate1 频数分布图

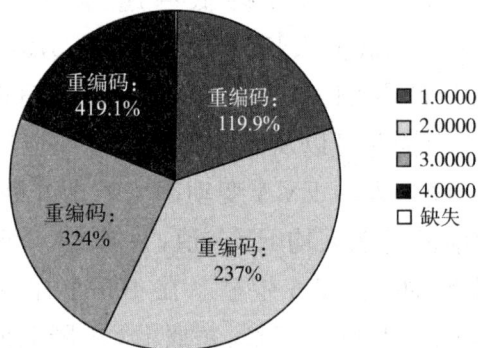

图 5-2　rate2 频数分布图

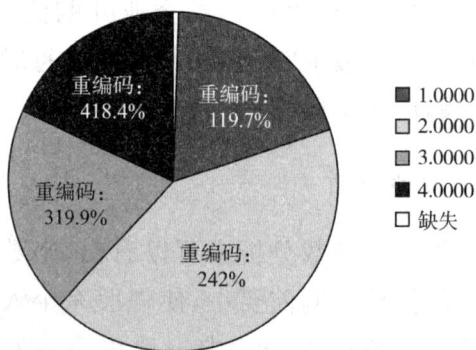

图 5-3　rate3 频数分布图

表 5-7　案例处理摘要

	案例					
	有效的		缺失		合计	
	N	百分比	N	百分比	N	百分比
rate1 * rate3	407	99.5%	2	.5%	409	100%

表 5-8　rate1 * rate3 交叉制表

		rate3				合计
		1	2	3	4	
rate1	1	80	0	0	0	80
	2	0	155	1	0	156
	3	0	14	75	0	89
	4	80	2	5	75	82
合计		80	171	81	75	407

从表 5-7 和表 5-8 的分析中可以得知,在 407 个有效样本中,年度 EVA 变动率和每股 EVA 变动率同时<0 的企业有 235 个,占 57.7%,同时<-1 的有 80 个,占 19.7%,而年度 EVA 变动率<0,每股 EVA 变动率>0 的企业只有 1 个,占 0.2%。也就是说,有 57.7% 的企业并购后的年度 EVA 值和每股 EVA 值比并购前降低,19.7% 的企业降低率超过 100%。

(五)研究结论与启示

通过上述单样本 T 检验分析、单一频数分布分析和多维频数分布分析可以看出,采用 EVA 模型来考察并购对股东价值的影响时,由于模型本身并不是单纯地考虑会计利润,而是在会计利润的基础上扣除了资本成本,因此暴露出一些会计利润上升的企业,其经济增加值的下降问题。通过分析可知,在研究的 400 多个样本中 58.2% 的企业年度 EVA 值发生下降,56.9% 的企业股东人均 EVA 值发生下降,61.7% 的企业每股 EVA 值发生下降,而这其中有将近20％的企业三个指标的下降率超过了100％,年度 EVA 和每股 EVA 两个指标同时下降的企业占到样本总数的57.7％。

从公司治理的角度看,并购这一双刃剑,给企业带来规模效应的同时,有可能给股东带来价值的减少。股东价值作为衡量公司治理成败的一个重要因素,不是股票价值可以替代的,股票价值的高低在很大程度上受到市场供求关系的影响。股东价值也不仅仅是每股利润可以表示的,每股利润的高低取决于会计利润的大小,如果仅仅追求每股利润的最大化,那就只能导致会计作假行为的加剧。所以,本文认为,客观评价并购是否为股东价值带来了增值,应当采用 EVA 指标来进行衡量,在会计利润的基础上扣除资本成本,从经济增加值的角度去看待股东价值的增加问题。

二、未实现损益对合并递延所得税的影响调整

根据我国《企业会计准则第 33 号——合并财务报表》的有关规定,纳入合并范围的集团内部企业之间的商品交易在编制合并财务报表时,要将交易产生的资产价值的变动和未实现损益予以抵销。同时,由于报表编制主体由企业变成了集团,从而导致所得税费用的确认需要进行抵销与调整,同时确认递延所得税资产或负债,而这一调整过程需要在资产负债表债务法的思路引导下进行。本文以内部存货和固定资产交易为例分别阐述两种不同类型的商品交易在资产负债表债务法指导下,如何更加简便地核算未实现损益对合并递延所得税的影响。

(一)资产负债表债务法的核算程序

根据《企业会计准则第 18 号——所得税》的要求,企业应对与子公司投资相关的应纳税暂时性差异和可抵扣暂时性差异,确认递延所得税负债和递延所得税资产。企业在具体确认递延所

得税资产和负债时,应按照以下三个步骤进行。

首先,要确认企业各项资产、负债的计税基础。其中资产的计税基础是企业收回资产账面价值过程中,计算应纳税所得额时按照税法规定可以自应税经济利益中抵扣的金额;负债的计税基础是负债的账面价值减去未来期间计算的应纳税所得额时,按照税法规定可予以抵扣的金额。

其次,要根据各项资产、负债的账面价值与计税基础之间的差额确认暂时性差异。当资产的账面价值小于计税基础和负债的账面价值大于计税基础时,确认为可抵扣暂时性差异;相反,当资产的账面价值大于计税基础和负债的账面价值小于计税基础时,确认为应纳税暂时性差异。

最后,根据确认的暂时性差异乘以所得税税率将可抵扣暂时性差异确认为"递延所得税资产",同时递减"所得税费用";将应纳税暂时性差异确认为"递延所得税负债",同时确认"所得税费用"。

不论是集团内部交易还是企业外部交易,只要涉及递延所得税的确认,都可以按照上述三个步骤进行核算。下文分别就内部存货和固定资产交易进行阐述。

(二)内部存货交易未实现损益对递延所得税的影响

1. 存货项目对于所得税确认的影响

存货项目在资产负债表中的账面价值是由存货项目下各科目的期末余额扣减提取的存货减值准备后的净额构成。若材料采用计划成本核算或库存商品采用计划成本或售价核算,存货项目还应调整"材料成本差异"和"商品进销差价"。

税法中明确规定,包括存货跌价准备、坏账准备等准备金在内,其未经核定的部分不得税前扣除,即会计报表中扣除的存货跌价准备如果未发生实质性的损失,在计算应纳税所得额时应在利润中加回。集团内部存货交易抵销影响的存货跌价准备也不例外,在调整集团所得税费用时也应将这一影响予以体现。

2. 首期存货交易对所得税费用的影响调整

合并首期编制合并财务报表时,应先抵销存货相关项目,在此基础上确定以集团为主体的存货账面价值和计税基础,再和企业个别报表中的相关金额进行比较,进而确认所得税费用的调整额。下文以一例阐述。

【例 5-1】 假设集团母公司合并当年向子公司销售自产商品一批,售价为 20 000 元,其成本为 16 000 元。到当年末为止,子公司拥有的该批存货全部留存在企业。经确定该批存货的年末可变现净值为 18 400 元,子公司对该批存货计提跌价准备 1 600 元。母子公司的所得税税率均为 25%。

子公司对该批存货计提的跌价准备在计算所得税时应该调整加回,因此子公司做个别会计分录:

借:递延所得税资产　　　　　　400(1 600×25%)
　贷:所得税费用　　　　　　　　　　　　　400

在编制合并财务报表时,母公司首先应编制如下三笔抵销分录:

1. 借:营业收入　　　　　　　　　20 000
　　贷:营业成本　　　　　　　　　　　　20 000
2. 借:营业成本　　　　　　　　　　4 000
　　贷:存货　　　　　　　　　　　　　　4 000
3. 借:存货跌价准备　　　　　　　　1 600
　　贷:资产减值损失　　　　　　　　　　1 600

经过上述抵销以后,以集团为主体的存货账面价值为 16 000 元[(20 000-1 600)-4 000+1 600],而计税基础应为 20 000 元。资产的账面价值小于计税基础,形成递延所得税资产 4 000×25%=1 000 元。和子公司的个别报表相比,集团少确认了递延所得税资产 600 元(1 000-400),因此母公司应做调整分录:

4. 借:递延所得税资产　　　　　　　600
　　贷:所得税费用　　　　　　　　　　　　600

【例5-2】 接【例5-1】,若假设子公司合并当年末该批存货的可变现净值为15 200元,则应计提跌价准备4 800元。此时子公司确认递延所得税资产1 200元。母公司在编制合并抵销分录时,前2笔分录与上例相同,第3笔分录应为:

3. 借:存货跌价准备　　　　　　　　4 000
　　贷:资产减值损失　　　　　　　　　　　　4 000

经过这三笔分录抵销后,以集团为主体的存货账面价值为15 200元[(20 000-4 800)-4 000+4 000],而计税基础应为20 000元,形成递延所得税资产4 800×25%=1 200元,这一结果与子公司个别报表中确认的递延所得税资产1 200元一致,因此编制合并财务报表时无需做调整处理。

3. 连续期间内部存货交易对所得税费用的影响调整

沿用合并首期所得税费用的确认原理,在合并后任一期间均可按照抵销存货交易—确认集团所得税费用—与企业所得税费用比较—确定合并所得税费用调整额四步走的程序调整内部存货交易对所得税费用的影响。

【例5-3】 接【例5-1】,假设合并后第2年子公司将合并当年购进的存货全部销售给集团外的A公司,另外子公司又从母公司购入一批商品作为自用存货,该批存货构价30 000元,成本24 000元,到年末该批存货有40%对上述A公司销售,60%留存在子公司作为期末存货。经重新确定,留存存货的可变现净值为16 000元,子公司对其计提跌价准备2 000元。

子公司对该批存货计提的跌价准备在计算所得税时应该调整加回,因此子公司做个别会计分录:

借:递延所得税资产　　　　　500(2 000×25%)
　　贷:所得税费用　　　　　　　　　　　　　500

在编制合并财务报表时,母公司首先应对合并当年的存货交易做抵销处理:

1. 借：未分配利润——年初　　　　　　4 000

　　贷：营业成本　　　　　　　　　　　　　4 000

2. 借：存货跌价准备　　　　　　　　　1 600

　　贷：未分配利润——年初　　　　　　　　1 600

3. 借：递延所得税资产　　　　　　　　　600

　　贷：未分配利润——年初　　　　　　　　　600

再对本年度的存货交易做抵销处理：

4. 借：营业收入　　　　　　　　　　30 000

　　贷：营业成本　　　　　　　　　　　　30 000

5. 借：营业成本　　　　　　　　　　3 600

　　贷：存货　　　　　　　　　　　　　　3 600

6. 借：营业成本　　　　　　　　　　1 600

　　贷：存货跌价准备　　　　　　　　　　1 600

7. 借：存货跌价准备　　　　　　　　2 000

　　贷：资产减值损失　　　　　　　　　　2 000

经过上述7笔分录抵销后，以集团为主体的存货的账面价值为14 400元[(18 000－2 000)－1 600＋1 600－3 600＋2 000]，集团的计税基础为18 000元，形成递延所得税资产3 600×25％＝900元，而子公司个别报表中当年末的递延所得税资产为1 100元(500＋600)，因此编制合并财务报表时需要调减递延所得税资产200元，做如下调整分录：

8. 借：所得税费用　　　　　　　　　　200

　　贷：递延所得税资产　　　　　　　　　　200

【例5-4】　接【例5-3】，假设合并后第2年末子公司留存存货的可变现净值为13 000元，则子公司计提的跌价准备为5 000元。在编制个别报表时子公司确认递延所得税资产1 250元(5 000×25％)。

在编制合并财务报表抵销分录时，第1-第6笔分录与【例3】相同：

7. 借：存货跌价准备　　　　　　　　　　3 600

　　贷：资产减值损失　　　　　　　　　　　3 600

此时，集团会计主体的留存存货账面价值应为 13 000 元 [（18 000－5 000）－1 600＋1 600－3 600＋3 600]，计税基础为 18 000 元，形成递延所得税资产 1 250 元（5 000×25％），而子公司个别报表中当年末的递延所得税资产为 1 850 元（1 250＋600），因此编制合并财务报表时需要调减递延所得税资产 600 元，做如下调整分录：

8. 借：所得税费用　　　　　　　　　　　　600

　　贷：递延所得税资产　　　　　　　　　　600

可见，内部存货交易产生的未实现损益对递延所得税的影响从交易发生开始，到该笔存货流出集团外部为止，通常情况下会经历一个年度，此后该影响不复存在。

（三）内部固定资产交易未实现损益对递延所得税的影响

内部固定资产交易和内部存货交易最大的区别在于存货交易产生后一般会在一个周期内影响集团的递延所得税，而固定资产交易产生后将在其使用年限内，通过折旧的计提长期影响集团的递延所得税，因此固定资产交易未实现损益对递延所得税的影响更加复杂，使会计处理更加繁琐。

1. 固定资产项目对于所得税确认的影响

固定资产在财务报表中列示的价值为固定资产原值扣除全部折旧和减值等以后的净值，而税法对固定资产项目税前扣除的规定与会计准则的区别主要体现在 4 个方面：一是固定资产减值准备不允许税前扣除；二是除特殊情况外，固定资产按照年限平均法计提的折旧才准予税前扣除；三是房屋、建筑物以外未使用的固定资产折旧不得税前扣除；四是税法对固定资产税前扣除的最低折旧年限有明确规定：房屋、建筑物是 20 年，飞机、火车、轮船、机器、机械和其他生产设备是 10 年，与生产经营活动有关的器具、工具、家具等是 5 年,飞机、火车、轮船以外的运输工具是 4 年,电子设备是 3 年。上述四点在会计准则中都是允许的或未作明确规定,从而导致了会计和税法中间的差异产生。

2. 固定资产交易对所得税费用的影响调整

不论是合并首期还是后续各期,在编制合并财务报表时,与存货影响调整的方法一样,都应首先将内部固定资产交易给予抵销,从集团的角度确定账面价值和计税基础,再和个别报表中的相关数据对比,从而确定应调整的递延所得税资产和负债。为了对比更加鲜明,下文选取了一个企业将其存货销售给集团内另一个企业作为固定资产使用的事例来说明。

【例 5-5】 某集团母公司于合并当年以 9 000 元的价格将其生产的工具销售给其子公司,该工具的成本价为 7 500 元,子公司将该工具作为固定资产使用,预计使用年限为 5 年,预计净残值为 0 元,子公司采用年限平均法对该工具计提折旧。母子公司的所得税率均为 25%。

合并当年,母公司编制抵销分录:

1. 借:营业收入   9 000
  贷:营业成本   7 500
    固定资产原价   1 500

经过抵销后该工具在子公司的账面价值为 7 500 元(9 000 − 1 500),而在集团看来,该工具的计税基础应为 9 000 元,应确认为递延所得税资产 375 元(1 500×25%),在合并财务报表中做调整处理。

2. 借:递延所得税资产   375
  贷:所得税费用   375

合并第二年,母公司在合并当年抵销和调整的基础上继续调整该项内部交易:

1. 借:年初未分配利润   1 500
  贷:固定资产原价   1 500

2. 借:递延所得税资产　　　　　　　　　　　375

　　　贷:年初未分配利润　　　　　　　　　　　　　375

3. 同时调整一年折旧对损益的影响

借:累计折旧　　　　　　　　　　　　　　　300

　贷:管理费用　　　　　　　　　　　　　　　　300

　　经过上述 3 笔分录抵销后该固定资产的账面价值为 6 000 元 [(9 000－1 800)－1 500＋300],而以集团为主体计算的计税基础应为 7 200 元(9 000－1 800),账面价值小于计税基础,应将差额确认递延所得税资产 300 元(1 200×25%),但在第 2 笔抵销分录中已经确认了递延所得税资产 375 元,所以本期应冲减递延所得税资产 75 元,做如下调整处理:

4. 借:所得税费用　　　　　　　　　　　　　75

　　　贷:递延所得税资产　　　　　　　　　　　　75

调整后递延所得税资产留有借方余额 300 元。

　　合并后第三年,同样可以按照上述思路确认调整额。

　　首先考虑内部交易的抵销:

1. 借:年初未分配利润　　　　　　　　　　1 200

　　累计折旧　　　　　　　　　　　　　　300

　贷:固定资产原价　　　　　　　　　　　　1 500

2. 借:递延所得税资产　　　　　　　　　　　300

　　　贷:年初未分配利润　　　　　　　　　　　300

3. 借:累计折旧　　　　　　　　　　　　　　300

　贷:管理费用　　　　　　　　　　　　　　　300

　　经过上述抵销后,该固定资产的账面价值为 4 500 元[(9 000－3 600)－1 500＋600],而集团的计税基础应为 5 400 元(9 000－3 600),因此截止本年末应确认递延所得税资产 225 元,到上年末为止已确认 300 元,所以本期应冲减 75 元,做如下调整:

4. 借:所得税费用　　　　　　　　　　　　　75

　　　贷:递延所得税资产　　　　　　　　　　　　75

　　后续年度和这两年一样,应每年冲减递延所得税资产 75 元,

5 年共计冲减 375 元,与合并当年确认的递延所得税资产 375 元相等,即当该固定资产报废时,其未实现损益对递延所得税资产的影响也随即消除,符合递延所得税资产的特点。

综上所述,编制合并财务报表时,集团内部商品交易对合并所得税费用的调整将直接影响合并利润表的信息。通过上述分析总结得出,按照资产负债表债务法的思路,在处理这一问题时应按照四个步骤进行:第一步,抵销集团内部交易;第二步,在第一步抵销的前提下确认以集团为会计主体的递延所得税资产、负债和所得税费用;第三步,与企业个别报表中确认的递延所得税资产、负债和所得税费用比较;第四步,根据第三步比较得出的差额确定为合并递延所得税资产、负债和所得税费用调整额。但是,在处理具体问题时,要注意根据该商品交易对集团的影响时间分别考虑不同的调整方式。

三、业绩补偿在并购交易中合并方的会计处理

并购交易中业绩补偿款的会计处理在我国的企业会计准则中尚未给出明确的规定,而学者们讨论的各种处理方法大多是站在资产重组的角度考虑,并没有结合并购的类型分析。本文区分同一控制和非同一控制下企业合并的两种情况,分别阐述了权益结合法和购买法下合并方对业绩补偿款的会计处理方法,并分别讨论了不同补偿方式下会计确认的时点问题。

(一)业绩补偿对并购交易的适用性

《上市公司重大资产重组管理办法》自 2014 年 11 月 23 日起施行,办法规定,上市公司向控股股东、实际控制人或者其控制的关联人之外的特定对象购买资产且未导致控制权发生变更的,上市公司与交易对方可以根据市场化原则,自主协商是否采取业绩补偿和每股收益填补措施及相关具体安排。规定中可见,业绩补偿只是针对于控制权未发生变更的情况而定的。也就是说,在理

论上,上市公司并购重组中被并方不需要对合并方做出业绩补偿承诺。但是,在实务中,由于对被并方的估值和合并方支付的并购成本往往是交易双方商业博弈的结果,而缺乏一个客观、合理的评判标准,因此并购后的集团公司通常也会要求被并方对并购完成后一段期间内的业绩做出承诺,若未完成承诺期承诺业绩时被并方应向集团或合并方做出业绩补偿。从业绩补偿的性质的角度考虑,《上市公司重大资产重组管理办法》中所规定的业绩补偿承诺同样适用于并购交易。

(二)业绩补偿的方式

在并购交易中,业绩补偿的期限一般为并购重组实施完毕后的三年,但是如果对于被并方资产负债评估溢价过高的,也可以视具体情况延长业绩补偿的期限。补偿的方式主要为现金补偿、股份补偿和"现金＋股份"补偿三种方式[1]。在"现金＋股份"补偿时,有的企业优先考虑现金补偿,而有的企业优先考虑股份补偿,也有的企业不分先后,同时采用。业绩补偿方式不仅体现了对并购重组政策与监管部门审核态度的拿捏,更体现了交易对手在诡谲博弈后的利益平衡。

(三)关于业绩补偿会计处理的文献综述

笔者阅读并分析了关于业绩补偿会计处理的相关文献,发现学者们在研究业绩补偿会计处理问题时,大多是站在资产重组的角度进行研究的,而真正站在并购交易角度研究的较少。学者们对于业绩补偿会计确认的性质认定,主流观点有 4 种,分别将其认定为"估值调整""权益性交易""损益性交易"和"看跌期权"。在会计处理时,4 种观点分别冲减"长期股权投资"、计入"资本公积"计入"营业外收入——(捐赠利得/罚没利得)"、投资收益和做为"衍生工具——看跌期权"处理。张国昀(2015)认为,上市公司收到的业绩补偿款是对其初始投资成本的估值调整,所以应冲减"长期股权投资"的初始投资成本;余芳沁(2015)认为,在采取现金式业绩补偿方式时,应该综合考虑并购重组的状况等因素,将收到的业绩补偿款分别不同情况确认为"资本公积——其他资本公积""营业外收入——罚没利得(或捐赠利得)",在采取股票回购业绩补偿方式时,应通过"库存股"账户核算;汪月祥(2014)认为,若补偿因资产本身质量有问题导致,则应增加"资本公积——一般资本公积",若因假设条件发生变化而导致,则应增加"营业外收入——业绩承诺补偿收益";杨森(2015)认为,业绩补偿承诺是收购方在购买股权的同时购买的一份看跌期权,所以应在初始确认时即将其计入"衍生工具——看跌期权"。

笔者认为,估值调整的观点在并购交易中是站不住脚的,因为并购的前提是控制权的变更,在会计处理上对长期股权投资要采用成本法核算,而成本法要求除增加投资或撤资外,长期股权投资的初始投资成本不得调整,业绩补偿不能作为撤资认定,所以不应当冲减"长期股权投资"的初始投资成本。看跌期权的确认方式是将业绩补偿承诺作为一种对赌协议看待的,而笔者认为,业绩补偿承诺是一种监管部门的强制性单项补偿行为,与对赌协议有所不同。

因此,在研究并购交易中发生的业绩补偿问题时,不能单纯将其看作资产重组问题进行简单处理,而应结合并购的两种分类:同一控制下的企业合并和非同一控制下的企业合并分别予以考虑。

(四)并购交易中合并方对业绩补偿的会计处理

1. 会计处理方法

并购交易根据并购前后控制方的变化可以分为同一控制下的企业合并和非同一控制下的企业合并,会计处理分别采用权益结合法和购买法。下面分别就两种合并的不同情况分析业绩补偿的会计处理方法。

(1)权益结合法

若并购交易形成的是同一控制下的企业合并,则会计处理选择权益结合法，账面价值作为计量属性，初始投资成本与公允价值之间的差额在合并时被计入"资本公积"账户。此时，由于账面价值计量模式的使用，除"资本公积"外，不会对其他账户产生连带影响。因此，当合并方收到业绩补偿款时，根据成本法的核算要求，不能调整"长期股权投资"的初始投资成本，而应当计入"资本公积"账户，同样也不需要调整其他账户。

（2）购买法

若并购交易形成的是非同一控制下的企业合并，则会计处理选择购买法，此时不仅要考虑业绩补偿款的确认，还要考虑连带影响的商誉价值。在具体处理时，还应当考虑是否存在反向收购的情况，即被并方的原股东是否成为并购后集团公司的控股股东或实际控制者。

第一，不存在反向收购。如果不存在反向收购，则合并方在收到被并方支付的业绩补偿款时，应作为一项收益处理。由于该项收益是由原投资并购协议的附属协议产生的，因此可以认为该收益是由投资形成的，计入"投资收益"账户。确认为投资收益之后，在编制合并报表是会予以抵销，从而防止了利用业绩补偿操纵利润的现象发生。

同时，业绩补偿承诺协议是为了弥补并购双方信息不对称而造成的损失的，双方的信息在会计上分别体现在合并方支付的投资成本和被并方评估的净资产公允价值两个方面。合并方在编制合并报表时，其支付的投资成本和取得的被并方净资产公允价值的差额被确认为了"商誉"。当合并方收到业绩补偿款时，说明并购交易确实存在信息不对称情况，确认的商誉价值有待重新考量。也就是说，合并方在确认收益的同时，还应当对商誉进行减值测试，若商誉发生减值，则应同时计提"商誉减值准备"。

第二，存在反向收购。如果并购交易存在反向收购，则反向收购完成后合并方只是形式上的控制方，而实际的控制方变成了被并方的原股东，此时，业绩补偿款的支付方变成了集团公司的控股股东，所以应比照证监会会计部函[2006]60号文件第二条的相关规定,收到业绩补偿款的一方将其计入所有者权益"资本公积"账户。

2. 会计确认时点

合并方收到的业绩补偿款在会计确认时和采取现金补偿、股份补偿还是"现金＋股份"补偿的方式无关,但在确定确认时点时和补偿方式有关。

(1)现金补偿

若被并方以现金方式支付业绩补偿款,则在确定被并方所获净利润之日,即被并方报表审计结果公布之日,即可认定是否会收到业绩补偿款,对将会收到的补偿款按协议金额予以确认,同时确认债权,待收到补偿款时,再冲减债权。

(2)股份补偿

若被并方以股权转让方式支付业绩补偿款,理论上也应当在被并方报表审计结果公布之日即确认业绩补偿款,但是股权转让手续的办理和股权的变更都需要一段时间,实际收到补偿款是在此之后。所以,在被并方报表审计结果公布之日,若认定合并方将会收到业绩补偿,则合并方应在即日根据业绩补偿协议中被转让股权的估计公允价值确认业绩补偿款,待股权实际交割时,再按照实际获得股权的公允价值对原确认金额予以调整。

(3)现金＋股份补偿

若被并方采用现金＋股份相结合的补偿方式,则合并方应比照现金补偿和股份补偿的确认时点,对收到的业绩补偿款分别予以确认。

在理论上,业绩补偿款确认的时点应遵循权责发生制,而在实务工作中,出于谨慎性考虑,很多企业在实际收到款项时才予以确认。

对于并购交易中业绩补偿款的会计处理方法和处理时点的相关规定,还有待于政策制定部门给出明朗的解释。监管部门更多关注的是并购交易中业绩承诺的合理性、可操作性、承诺年限、被并方原股东股份的锁定期限、信息披露的真实完整性等,而对于交易估值则更多交由市场决定。作为一种对中小股东保护机制的业绩补偿方式而言,能否得到有效执行,主要取决于上市公司的整合协同策略安排与经营管理能力。短期的业绩补偿并不能改善与提高公司发展的核心竞争力。

四、对赌协议和业绩补偿的会计处理差异

近年来,私募股权投资的对赌协议和重大资产重组的业绩补偿在实务中应用都较为广泛,但学术界的研究关于对赌协议大多集中在法律层面,关于业绩补偿更是百家争鸣,不乏有观点认为业绩补偿是一种对赌协议,应按照对赌协议进行会计处理。本文从协议的性质、行权方、协议类型和法律效力等四个方面对对赌协议和业绩补偿进行了比较,从而得出两种协议下不同的会计处理方法。

(一)对赌协议

对赌协议主要是指在股权投资过程中,由于投资方和被投资方对被投资方净资产的公允价值持不同态度,为了提高投资谈判效率,先暂时确定一个价值,并据此确定初始投资,同时对被投资方的未来设定一个目标,以未来被投资方的实际运营情况来调整企业价值和股权比例的一种协议约定。设定的目标若在未来未能实现,则被投资方按照协议约定给与投资方一定的补偿;若设定目标在未来得以实现,则投资方按照协议约定给与被投资方一定的奖励。近年来,对赌协议经常被运用于私募股权投资业务,目的是在尽快促成投资的同时,保护中小投资者的利益不受损害。

(二)业绩补偿

业绩补偿主要是针对上市公司而言,在上市公司向其控股股

东或关联人以外的特定对象购买资产而且没有影响控制权的情况下,由于对重组标的资产价值估值的不确定性,和标的公司协议约定业绩补偿,若未来标的公司的业绩未能达到约定水平,则标的公司给予上市公司一定的补偿。

(三)对赌协议和业绩补偿的区别

虽然对赌协议和业绩补偿都是基于价值估值的不确定性而产生的,同时都有补偿行为约定,但本文认为两者之间依然存在较大的差异,主要体现在以下四个方面。

1. 协议性质不同

对赌协议和业绩补偿虽然都是针对未来出让方业绩的一种约定,但其性质是不相同的。对赌协议在履行时,不仅要根据业绩完成情况来确定补偿或奖励金额,同时还会影响到投资方的投资比例或被投资方的股权结构。从实质上看,对赌协议是一种"估值调整机制"。

业绩补偿协议在履行时,通常只是根据标的公司的业绩完成情况来确定补偿金额,并不会对上市公司的投资做出调整,因此业绩补偿并不是一种估值调整,而只是资产重组协议的补充约定。

2. 行权方不同

对赌协议在约定时,通常会对协议双方的行为均作出约定。若被投资方业绩未完成,则投资方行使其权利,由被投资方作出补偿;若被投资方业绩完成,则被投资方行使其权利,有投资方作出奖励,所以对赌协议的双方均有可能成为行权方。

业绩补偿在约定时,通常只对标的公司的行为作出约定。若标的公司业绩未完成,则上市公司行使其权利,由标的公司作出业绩补偿;若标的公司业绩完成,则上市公司放弃行权,但通常不会作出奖励。因此,业绩补偿的行权方通常只有上市公司一方。

也有少数业绩补偿协议中约定了上市公司的奖励,此时的业绩补偿协议可以视同对赌协议。

3. 协议类型不同

对赌协议中约定补偿和奖励的类型常见的有六种,分别是股权对赌、现金补偿、股权稀释、股权回购、股权激励和股权优先等。六种类型均对协议双方的行为作出约定。

业绩补偿中约定的补偿类型通常为三种:现金补偿、股份补偿和现金＋股份补偿。三种类型均是对标的公司的行为作出约定。

4. 法律效力不同

对赌协议的协议双方可以是投资方和被投资方,也可以是投资方和被投资方的股东。当协议对象为被投资方时,可能作出补偿的即为投资方,此时支付的补偿就有可能影响到被投资方债权人的利益,所以投资方和被投资方的对赌协议在法律上很容易被认定为无效。协议对象为被投资方股东时,则不存在影响被投资方债权人利益的问题,法律上通常会认定协议有效。

业绩补偿的协议双方通常可以是上市公司和标的公司,也可以是上市公司和标的公司的股东,但不论协议对象是谁,与对赌协议纯粹的市场行为不同,业绩补偿是为了保护中小投资者利益的一种单项强制性补偿行为,是始终具有法律效力的。

(四)对赌协议和业绩补偿的会计处理差异

鉴于对赌协议和业绩补偿以上四个方面的区别,本文认为将对赌协议和业绩补偿做相同的会计处理不太妥当,应分别针对其业务性质进行会计处理。

1. 对赌协议的会计处理

关于对赌协议的会计处理方法,目前理论界的观点主要有负债观和权益观两种。负债观认为应当将对赌协议认定为一项债务工具；在被投资方收到投资时，考虑未来可能返还给投资方部分或全部投资，因此在会计上暂时确认为一笔负债，计入"长期应付款"账户。待约定年限若对赌的业绩实现，再将该笔负债转为权益，确认"股本"和"资本公积"账户的增加；若对赌的业绩未实现，则按照协议偿还该笔负债。但是，本文认为，将对赌协议认定为负债工具有违交易的经济实质。从投资方角度看，对赌协议通常发生在私募股权投资中，投资机构从事的业务为股权投资，而非债权投资。投资的目的是参与企业经营管理，从而获得长久的利益，而并非只为了收回本金获得利息。对赌条款的设计也是为了更好地保障投资者的利益，而非看中了补偿金额。所以，从实质上看，投资方的投资行为应当属于股权投资。从被投资方角度看，接受投资时通常情况会确定投资者在被投资方股东权益中所占的比例，用估值的方法计算分配总投资额中有多少应确认为资本溢价。不论是接受投资的程序、资金注册的手续，还是对投资者利润分配的承诺，都显示出投资行为与债权无关。

权益观认为应当将对赌协议认定为一项权益工具，在被投资方接受投资时，按照估值计算的方法分配计入"股本"和"资本公积"账户。后续期间若对赌业绩实现，则无需做任何账务处理，若对赌协议未实现，则按照补偿金额确认为一笔费用，同时根据补偿方式冲减货币资金或股份。笔者认为，从经济实质上看，投资行为毫无疑问是一项权益工具，应当确认为被投资方的股东权益，但是后续处理中，将业绩未实现时支付的补偿款确认为一笔费用，则会影响到股东和债权人的利益分配。从近年来法律案件的判定结果看，影响股东和债权人利益的合同很可能被认定为无效。而且，冲减股份的做法也有欠妥当，根据资本维持的原则，《公司法》规定，投资者投入企业的资本除特殊情况外一般不得抽逃，所以会计处理上冲减股份的做法同样会损害债权人的利益。

本文认为对投资方投入资本的认定应分为两部分：一部分作为投资方入股的资本，确认为股东权益；另一部分也就是对赌协议中约定可能做出补偿的部分,作为期权处理。对赌协议是依附于投资合同而存在的,从实质上看,是根据被投资方未来业绩的变化对原有投资所作的估值调整。协议形成的原因是双方对未来业绩的预期不同,对企业产生实质影响的时间也不是协议签署时,而是后续承诺期结束时,所以对赌协议在会计上应当属于一种期权行为。在会计核算时,应当将其作为嵌入衍生工具与主合同共同构成的混合工具处理。对于主合同约定的投资入股行为,被投资方应确认为"股本"和"资本公积"的增加,投资方确认为"长期股权投资"。对赌协议约定的部分应按照 Black-Scholes 模型从主合同中剥离出来单独计价,并将其价值计入投资方的"交易性金融资产—衍生工具"账户和被投资方的"交易性金融负债—衍生工具"账户。在承诺期结束时,对于双方收到或支付的补偿,如果对赌对象为被投资方的股东,则按照交易性金融资产或负债的公允价值变动处理,计入当期损益;如果对赌对象为被投资方,为了避免对被投资方债权人利益的影响,避免形成无效合同,会计上可以将补偿部分调整计入"资本公积"账户。

2. 业绩补偿的会计处理

关于业绩补偿的会计处理,学术界的主流观点有四种:估值调整观、权益交易观、损益交易观和看跌期权观。其中估值调整观认为投资方收到的业绩补偿款是对原投资成本的调整,所以应当冲减"长期股权投资"的成本。权益交易观认为,业绩补偿不是对投资成本的调整,而是投资获得的一项收益,但是为了避免对利润的直接影响,所以增加股东权益,计入"资本公积"账户。损益交易观认为业绩补偿既然是企业的一笔收益,就应当直接沮冰当期损益,鉴于这笔收益的不确定性只能将其确认为利得,计入"营业外收入—捐赠/罚没利得"。看跌期权观则认为,业绩补偿是对未来时期的交易约定,从实际交割期角度看,应属于期权性质,所以应纳入"衍生工具—看跌期权"账户核算。

本文认为,估值调整观和看跌期权观都是把业绩补偿当作了对赌协议看待,从经济实质看,不符合单纯的业绩补偿的性质。业绩补偿的实质是资产重组协议的补充约定,是单方的、强制性约定,不能和对赌协议混为一谈。若交易行为属于对赌协议中的业绩补偿条款,则应当按照对赌协议进行会计处理。对于权益交易观和损益交易观,本文认为应视业绩补偿支付方为标的公司还是标的公司股东而区别对待。若支付方为标的公司,则应将收到或支付的补偿作为当期损益处理,上市公司计入"营业外收入"账户,标的公司计入"营业外支出"账户;若支付方为标的公司股东,且该股东对上市公司拥有控制权,则应将收到或支付的补偿作为权益变动处理,计入"资本公积"账户。若补偿协议是产生于企业并购合同,则应当分别考虑同一控制和非同一控制两种情况,同一控制下的合并业绩补偿应和其他损益的调整一样,计入"资本公积"账户,非同一控制下的合并业绩补偿不仅要考虑损益的确认,同时还要考虑合并当时确认商誉的减值测试。

对赌协议和业绩补偿在近年的私募股权投资和重大资产重组中较为盛行,法律上也对各种案件作出了判决,而企业在进行会计处理时,首先要关注处理结果和法律态度的一致性,其次要确定对赌协议和业绩补偿不同的性质,进而考虑准则相关内容的适用性,这样才能使会计处理工作更好地服务于企业。

五、我国制造业上市公司并购市场效应的实证研究

(一)引言

随着世界全球化的发展及我国资本市场的日益成熟,并购成为我国资本市场上最为活跃的活动之一。自 2002 年以来,国内并购无论在并购数量上还是并购金额上,都呈现逐年递增的趋势,并购几乎涉及所有行业。通过对近 6 年的并购行业的统计分析发现,在制造业的并购数量与并购金额占总量的比例是最大的。我国虽然已是制造业大国,但制造业的科技含量低,产业

集中度低,处于国际产业链的最底端,离制造业强国还有很大差距。

并购是制造业企业发展到一定阶段的必要的战略选择,能在短时间内扩大企业规模。然而,并购是否改善了企业的经营绩效,提升企业的市场价值? 国内学者已对并购绩效进行了大量实证研究,但多数集中在对财务指标的综合评价与分析,由于研究样本与分析方法的不同,未得出一致结论。本文采用国外较为成熟的事件研究法,以证券市场数据为基础,使用平均超常收益率与累积超常收益率,评价市场对公司并购后的长短期效应,旨在为提高我国制造业并购效率提供建设性参考与建议。

(二)相关概念与理论

并购作为国内外企业进行资本扩张的常用战略选择,具有深刻的内涵。并购一般是指兼并与收购,国外将其统称为 M&R。通过对近几年并购事件分析发现,在我国并购事件中,收购行为在并购事件中占有较大比例,而兼并事件比例较低。因此,本文将并购概念定义为狭义上的并购即收购,收购是指并购企业通过不同支付方式购买目标公司的股票或资产,从而获得目标公司的控制权或资产所有权。收购类型包括资产收购与股权收购两种类型。

国内制造业企业大规模的进行并购,是什么原因促使企业进行频繁的并购行为? 国外学者从不同角度对并购动因进行了理论性的深刻探讨,主要有协同效应理论、代理理论、自大理论、价值低估理论、自由现金流量理论。然而,企业并购的最终目的是实现企业价值最大化即股东价值最大化,因此本文从市场效益的角度分析企业并购的动因理论,即价值低估理论。

价值低估理论前提是资本市场本身不是完全有效的,管理者是相对的理性人,认为并购企业能够识别出被市场低估的目标企业,从而促使收购企业的管理者以比较低的价格收购被低估的企业。总之,价值低估理论认为制造业企业进行频繁并购的根本原因是企业认为目标企业价值被市场低估,通过并购能获得好的投资机会,提升企业价值。

(三)文献综述

由于国外证券市场的完善,并购兴起的较早,因此对并购效应的研究起步较早,研究日趋成熟,国外对并购绩效的研究主要采用事件研究法。RubaCk(1977),Dodd(1980),Jensen(1983),Franks Harrisand Titman(1991),Schwert(1996)采用事件研究法,在事件窗口内研究了样本公司股价并购前后的变化,研究发现,目标公司的股东都能获得显著为正的累计超额收益;而收购公司的股东只能获得相对较低的累积超额收益或负的累计超额收益。Agrawal,Jaffe 和 Mandelker(1992),Maquieira(1998)对并购样本的并购后的长期市场效应进行考察,研究发现全体样本公司的股东都获得负的累计超额收益。

由于我国证券市场的相对不完善,我国对并购绩效的研究多以会计研究法为主。国内对并购绩效采用事件研究法的文献相对较少。余光和杨荣(2000)、高见和陈歆玮(2000)、张新(2003)、张宗新和季雷(2003)、徐丹丹(2008)采用事件研究法对选取的样本公司进行并购市场效应的分析,研究发现并购能使目标公司股东财富显著提高,而收购公司股东价值的增长远低于目标公司价值的增加,有些收购甚至毁损了收购公司的价值。然而,李善民和陈玉罡(2002)、樊琳琳(2010)、张隆亭(2011)采用事件研究法对选取样本并购公司检验并购是否为股东创造价值,研究发现在短期事件期内,并购公司获得了显著为正的累积平均超额收益,目标公司的累积平均超额收益不显著或者为负。朱滔(2007)从长期及短期考察了并购对并购公司价值创造的影响,研究表明并购公司短期内获得了正的累积超常收益,长期内并购损失了股东价值。

(四)研究设计

1. 研究方法的选择

对企业并购绩效的实证研究方法主要有事件研究法与会计研究法。国外证券市场相对成熟,国外对并购绩效的实证研究多采用事件研究法。国内对并购绩效的实证研究多采用会计研究法,然而随着我国相关并购法律、法规的出台及股权分置改革的实施,我国资本市场进一步发展与成熟,并购的相关环境已经发生了很大变化,因此有必要对企业并购的市场效益进行实证分析。本文采用事件研究法,以企业并购前后的股价的变动为基础,通过模型的构建,计算企业并购前后的超额收益,从而判断、分析企业并购的市场效应。

2. 研究模型的构建

(1)样本的选取

本文以 CSMAR 数据库资料为数据来源,以 2007 年在我国沪深两市发生并购事件的制造业上市公司为研究样本,并通过以下标准剔除了部分样本。

第一,剔除在事件估计期与考察期内被 ST 处理的企业。

第二,剔除在事件估计期与考察期内股价数据不全的企业。

第三,剔除发生兼并的事件样本,仅选择发生收购的事件为样本。

通过以上标准的筛选,最终得到 148 家制造业上市公司的并购事件作为研究样本,其中并购公司 65 家,目标公司 83 家。

(2)模型的构建

事件研究法是通过计算、分析与比较并购前后股东财富的变化来反应企业并购的市场效应,事件研究法中常用的方法为超常收益法。采用超常收益法分析的主要步骤如下。

第一,确定估计期与考察期。假定制造业上市公司并购事件的公告日时间为 0,即 $t=0$。以 $(-100,-20)$ 即并购事件公告前 100 个交易日与前 20 个交易日为事件的估计期。以 $(-20,20)$ 即并购事件公告的前 20 个交易日与后 20 个交易日为事件的考察期。

第二,计算考察期内股票的预期收益率与超常收益率。假设 R_{it} 为第 i 种股票的实际收益率,R_{mt} 为当日整个市场组合的收益率,通过公式(1),运用回归分析模型,求出预期收益率计算公式的参数 α_i 和 β_i;然后构建计算预期收益率的公式(2),最后通过公式(3)计算出公司第 i 种股票在考察期内的每日超常收益率,即:

$$R_{it} = \alpha_i + \beta_i R_{mt} + \varepsilon_{it}, t \in (-100, -20) \tag{1}$$

$$\widehat{R_{it}} = \widehat{\alpha_i} + \widehat{\beta_i} R_{mt}, t \in (-20, 20) \tag{2}$$

$$AR_{it} = R_{it} - \widehat{R_{it}}, t \in (-20, 20) \tag{3}$$

(3)计算出考察期内的平均超常收益率与累积超常收益率

通过公式(4)与(5)计算出所有股票在考察期内第 T 日的平均超常收益率与累积超常收益率,即:

$$AAR_{t_0} = \frac{1}{M} \sum_{i=1}^{M} AR_{it_0}, t \in (-20, 20) \tag{4}$$

$$CAR_t = \sum CAR_{t-1} + AAR_t, t \in (-20, 20) \tag{5}$$

(五)并购市场效应的实证结果分析

通过对事件期内目标公司与并购公司的 AAR(平均超常收益率)与 CAR(累积超常收益率)的计算,得到图 5-4 与图 5-5。

从图 5-4 可以看出,并购前后目标公司的平均超常收益变化波动性较大,并购前,公司平均超常收益在 0 附近上下波动,在并购后,平均超常收益总体在 0 以上波动,在并购当日至并购后第八日,变化幅度较大,在第六日达到最大值 1%,从第 8 日之后趋于平稳,在 0.35% 附近上下波动。并购公司在并购前后的平均超常收益变化相对较为稳定,并购前 20 天,平均超常收益为最大值 0.5%,并购后平均超常收益总体小于零,且在并购后的第 16 天达到到最低值—0.5%。

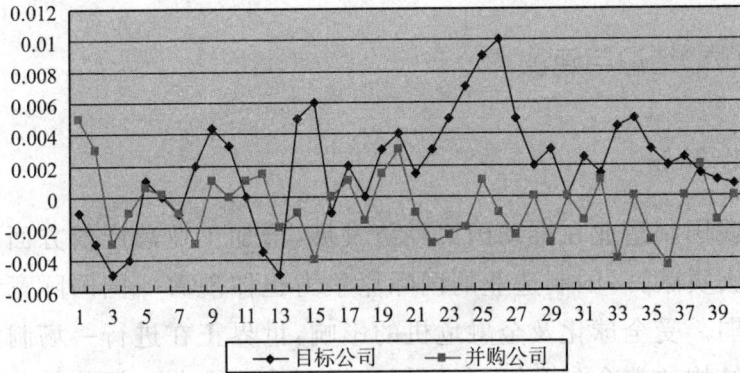

图 5-4 并购分组样本在事件期[—20,20]的 AAR

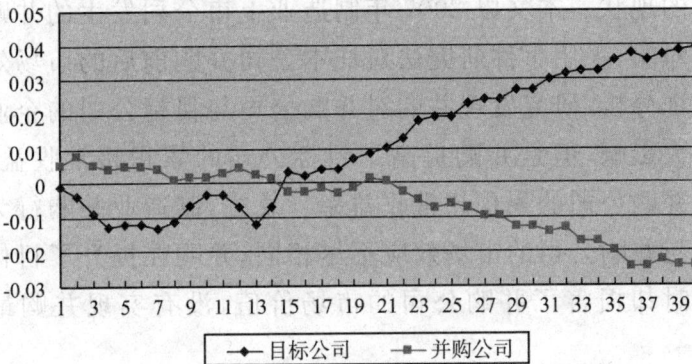

图 5-5 并购分组样本在事件期[—20,20]的 CAR

从图 5-5 可以看出,并购前后公司累积超常收益变化幅度较大,且目标公司与并购公司的变化呈相反方向。并购前,目标公司的 CAR 在—0.5%附近波动,小于 0,并购后的 CAR 逐渐提高,在并购后的 18～20 日,CAR 趋于平稳,达到最大值 4%;而并购公司则相反,并购前其累积超常收益相对稳定,总体大于 0,在并购后则呈持续下降的趋势,在并购后的 15～20 日内趋于平缓,达到最低值—2.5%。

综上所述,我国制造业上市公司的并购提升了目标公司的价值,并购为目标公司带来了正的市场效应,但是损害了并购公司的股东的价值,不利于并购公司价值的提升,为并购公司带来了负的市场效应。

(六)结论与建议

1. 结论

我国制造业在推动国民经济发展,增加工业总产值方面做出了巨大贡献,一国制造业的国际竞争力也体现着一国国际竞争力的强弱。受全球化及金融危机的影响,世界正在进行一场制造业产业结构的整合与升级,各国加速了制造业企业之间的并购与重组,因此我国要抓住国际整合的挑战与机遇,改变我国制造业大而不强的现状。本文以 2007 年制造业上市公司发生的并购事件为研究对象,采用事件研究法对样本公司并购前后的市场效应进行了实证分析,研究发现并购对并购公司与目标公司的企业价值均有较大影响,但是并购提高了目标公司的累积超常收益率,却降低了并购公司的累积超常收益率。总之,制造业并购行为对目标公司与并购公司的市场效应不尽相同,并购在提升了目标公司价值同时却损害了并购公司的市场价值,没有实现并购最初的目的。

2. 对策建议

随着我国股权分制改革的实施及《上市公司收购管理办法》各种并购法规的颁布及国家对产业结构调整的重视,我国制造业企业更热衷于选择外在扩张即并购作为其可持续发展及走向世界的策略。然而,制造业并购中的并购公司的市场效应未达到企业预期的目标,因此为从整体上改变我国制造业并购的现状,针对我国制造业并购特点提出以下几点建议。

(1)选择相匹配的目标公司。并购的第一步是选择并购标的,方向的正确与否直接决定着并购的成败。在并购对象的选择上,一定要选择与本企业战略方向相匹配的公司,否则目标公司不仅不能够为企业带来价值的提升,反而会影响并购企业正常的经营,不利于并购企业经营效益与市场效应的提升。

(2)提高产品技术含量,增加产品附加值。我国是劳动密集型的国家,在国际产业链中,我国制造业处于产业链的最低端,产品附加值低,形成了我国制造业大而不强的现状,制造业企业要加强企业的产品的科技水平,形成自身的核心竞争力,改变我国制造业国际产业链的位置。因此,我国制造业企业在追求并购数量提高与企业规模迅速扩张的同时,要重视并购质量的提升,不能盲目地进行并购。

(3)加大并购后相关文化与技术方面的整合。不同企业有不同的文化,文化对一个企业的发展起着支柱的作用,并购后要加强对并购双方企业的人力资源与企业文化的整合,对双方所拥有的技术资源进行合理的优化配置,使并购公司与目标公司之间能实现资源互补,达到 $1+1>2$ 的效应。

(4)加强对制造业并购的引导与监管措施,优化并购环境。制造业并购受国家政策与市场环境的影响较大,因此国家政府应出台相应并购法律、法规,合理引导制造业企业实施并购,调整我国制造行业的产业结构。同时,要加强对制造业并购的监管,防止恶意并购与垄断性并购,最终实现我国制造业产业结构的优化与升级。

六、控股合并后增持股份会计处理的国际比较

随着国际资本市场的完善与发展,企业合并业务在全球范围内日益增加,促进了会计界对企业合并业务处理方法的研究与探讨。IASB 于 2008 年最新修订的《国际财务报告准则第 3 号——企业合并》中对企业合并的会计处理方法仍然保持了购买法,但为了适应我国特殊时期的经济发展需要,在《企业会计准则第 20 号——企业合并》中对同一控制下的企业合并,我国仍然保留了权益结合法。两种方法的并存使得控股合并后增持股份的会计

处理产生了分歧,既可以沿用合并旧的方法处理,也可以按照新的合并处理。同时,产生了其他一些分歧点,本文将对不同方法分别进行阐述。

(一)国际准则的处理方法

在《IFRS3——企业合并》第二条"准则的范围"中明确规定:企业合并应采用的会计处理方法——购买法。第四条"会计处理"中规定,采用购买法包括以下步骤:确认购买方、计量企业合并成本、在购买日将企业合并成本在所取得的资产以及承担的负债和或有负债之间进行分摊。

按照这一原则,控股合并的主并方在合并后增持被并方股份时,也应该按照购买法核算。也就是说,虽然在增持股份时合并双方已经存在内部关系,但是也应该沿用合并旧的方法处理,即按照增持股份时所支付对价的公允价值加上可直接归入成本的费用计入"长期股权投资"账户,再与被收购的资产、负债和或有负债的公允价值相比较,超过的部分确认为合并商誉,若公允价值超过合并成本,则被确认为利得。这种处理方式会导致商誉或利得的产生,商誉的产生会影响后续的减值测试,而利得则会直接影响当期损益。

(二)非同一控制下控股合并增持股份的处理方法

在我国,企业合并准则中规定非同一控制下的企业合并应选择购买法核算,同一控制下的企业合并应选择权益结合法核算。如果控股合并的第一次持股属于非同一控制,显然应当采用购买法核算,但在增持股份时应该沿用购买法还是改用权益结合法,准则中没有明确说明导致实务中有利用不同方法操纵利润的现象存在。

1. 沿用购买法核算

如果继续沿用购买法核算,就和 IFRS3 中的核算方法基本一致。新增的长期股权投资的成本按照支付对价或承担负债的公允价值计量,若公允价值大于取得的被并企业的净资产份额或股权份额,则差额计为商誉;若公允价值小于取得的被并企业的净资产份额或股权份额,则差额计为营业外收入,直接影响当期损益。和 IFRS3 所不同的是,合并成本中不包含直接费用,这一差异不是本文论述的重点,在此不再阐述。下文通过深南公司和东方公司的合并业务说明这一方法。

【例 5-6】 深南公司于 2010 年初投资 400 万元收购了东方公司 70% 的股份,成为东方公司最大的股东,对东方公司的财务和经营政策形成了控制。购买日东方公司净资产的公允价值为 500 万(为核算简便,假设其公允价值与账面价值相等),其中股本 300 万,资本公积 100 万,盈余公积 100 万。为简化核算假设 2010 年东方公司的所有者权益没有发生任何变动。2010 年底深南公司在原有股份的基础上再次出资 60 万元增持东方公司 10% 的股份,至此持股比例达到 80%。

对于这种业务若沿用购买法核算,则会计处理如下。

首次持股时:

借:长期股权投资　　　　　　　　　　400 万

　　贷:银行存款　　　　　　　　　　　　　　400 万

在编制合并报表时应做抵销分录:

借:股本　　　　　　　　　　　　　　300 万

　　资本公积　　　　　　　　　　　　100 万

　　盈余公积　　　　　　　　　　　　100 万

　　商誉　　　　　　　　　　　　　　　50 万

　　贷:长期股权投资　　　　　　　　　　　400 万

　　　　少数股东权益　　　　　　　　　　　150 万

增持股份时:

借:长期股权投资　　　　　　　　　　　60 万

　　贷:银行存款　　　　　　　　　　　　　　60 万

编制合并报表时应做抵销分录：

借：股本	300 万
资本公积	100 万
盈余公积	100 万
商誉	60 万
贷：长期股权投资	460 万
少数股东权益	100 万

在这种处理方法中可以看到由于投资的增加，商誉的价值发生了变动，给企业后续的商誉减值测试造成了一定的困难。而且，在出资额变动时，商誉的价值有可能是减少的，甚至可能减少为负商誉，直接影响 2010 年度的损益。

在这一业务的处理中，商誉计算的方法既可以用全部的合并成本减去全部持股比例的公允价值计算，也可以将两次商誉分别计算再相加，结果是一致的。

2. 改用权益结合法核算

从实际业务来看，当合并后增持股份时，合并双方已经属于同一集团控制下，所以增持的股份应按照权益结合法核算。也就是按照取得股份的账面价值计入长期股权投资成本，合并过程不产生商誉，也不直接影响当期损益。就上例来看，首次持股时的会计处理与方法（一）一致，增持股份时的会计处理如下。

借：长期股权投资	50 万
资本公积	10 万
贷：银行存款	60 万

抵销分录应为：

借：股本	300 万
资本公积	100 万
盈余公积	100 万
商誉	50 万

　　贷：长期股权投资　　　　　　　　　　　450 万

　　　　少数股东权益　　　　　　　　　　　100 万

　　在这种处理方式下，增持股份并未影响到合并商誉的价值，也不可能直接影响当期损益。

（三）同一控制下控股合并增持股份的处理方法

　　如果首次持股时合并双方处于同一方或相同多方的共同控制下，则应当采用权益结合法核算业务。在这种处理下虽然不存在方法选择的问题，但是在编制合并报表调整分录，恢复子公司留存收益时，准则没有明确规定按照新增股份后的持股比例恢复，还是按照原有的持股比例恢复。

　　仍然沿用上例，假设合并双方在合并前受同一母公司大元公司控制，2010 年东方公司实现净利润 100 万，提取盈余公积 10万，分配利润 30 万，剩余利润 60 万，至深南公司增持股份时东方公司的所有者权益总额已增至 570 万。对该业务分别采用两种方法核算如下：

1. 按照新增股份后的持股比例恢复

首次持股时：

借：长期股权投资　　　　　　　　　　　　350 万

　　资本公积　　　　　　　　　　　　　　 50 万

　　贷：银行存款　　　　　　　　　　　　 400 万

在编制合并报表时：

借：资本公积　　　　　　　　　　　　　　 70 万

　　贷：盈余公积　　　　　　　　　　　　　70 万

借：股本　　　　　　　　　　　　　　　　300 万

　　资本公积　　　　　　　　　　　　　　100 万

　　盈余公积　　　　　　　　　　　　　　100 万

　　贷：长期股权投资　　　　　　　　　　 350 万

　　　　少数股东权益　　　　　　　　　　 150 万

增持股份时：

借：长期股权投资   57 万

  资本公积   3 万

  贷：银行存款   60 万

在编制合并报表时：

借：长期股权投资   49 万

  贷：投资收益   49 万

借：资本公积   136 万

  贷：盈余公积   88 万

    未分配利润   48 万

借：股本   300 万

  资本公积   100 万

  盈余公积   110 万

  未分配利润   60 万

  贷：长期股权投资   456 万

    少数股东权益   114 万

在这种方法下，调整分录恢复子公司的留存收益是按照增持股份后的比例 80% 计算的，比较符合权益结合法的基本处理思路。但是，也可以很显然地看到集团合并报表中留存收益的数据增加了，而且是按照 80% 的比例增加的，这一做法对有心操控利润的企业是有漏洞可钻的。

2. 按照原有持股比例恢复

为了防止集团通过第一种方法调整利润，可以要求不论后续增持多少股份，都只能按照原有持股比例恢复子公司的留存收益。如上例采用这一方法，则会计处理中只有第 6 个分录与前述不同，应处理如下。

借：资本公积   119 万

  贷：盈余公积   77 万

    未分配利润   42 万

这一结果与方法(一)相比显然留存收益减少,但是又有悖于权益结合法的一贯思路。两种方法各有利弊,在选择时应谨慎。

(四)不同方法的选择建议

从上述举例阐述可以看出,不论是同一控制还是非同一控制的控股合并,在后续增持股份时都容易产生分歧。为了给合并报表信息使用者提供更加客观真实的会计信息,笔者提出以下建议。

第一,在非同一控制下增持股份时,建议改用权益结合法核算。因为首先从实质上看,增持股份时双方企业已经属于同一控制,改用权益结合法核算更加合理;其次,权益结合法核算不会影响商誉和负商誉的价值,也就不会影响商誉减值测试和当期损益,核算较为简便。

第二,在同一控制下增持股份时,建议沿用原有持股比例恢复子公司留存收益。因为权益结合法本身对利润的操纵性比较大,IASB之所以取消这一方法也正是基于这一原因,如果采用新持股比例恢复子公司留存收益,利润被操纵的可能性加大,合并报表的会计信息会更加不可靠。

虽然 IFRS3 中只规定了购买法的使用,但是我国企业合并时很多情况都是同一控制下的企业合并,其合并过程并非公平、自愿,收购价格并不公允,而且我国目前的市场化程度还没有达到真正产生公允价值的时机,所以我国的会计准则中保留了权益结合法,这一方法在现阶段是符合我国国情的。虽然两种方法并存,但是会计人员在处理业务时仍然应尽量避免利润的调控,选择更加合理的方法。

第六章　企业破产重整

市场经济既是法制经济，也是竞争经济。企业在激烈的市场竞争中必然优胜劣汰，而被淘汰的企业中，除了积重难返、不得不清算外，很大一部分属于临时性困难或经过一定调整可以重新回到市场。破产重整是《企业破产法》新引入的一项制度，指专门针对可能或已经具备破产原因但又有维持价值和再生希望的企业，经由各方利害关系人的申请，在法院的主持和利害关系人的参与下，进行业务上的重组和债务调整，以帮助债务人摆脱财务困境、恢复营业能力的法律制度。破产重整制度作为公司破产制度的重要组成部分，已为多数市场经济国家所采用。它的实施，对于弥补破产和解、破产整顿制度的不足，防范大公司破产带来的社会问题具有不可替代的作用。实践已经表明，在市场竞争中通过依法破产将劣势企业淘汰出局，是企业组织结构调整的极端形式，是企业战略性重整和社会资源重整的有效途径，是防止企业资产继续流失的断然措施，是对企业债权人和职工的最大保护。本章对企业破产重整制度、破产重整的程序和方法进行了相关分析。

第一节　企业破产重整制度概述

一、破产重整的概念

目前，对于破产重整的概念，无论是理论学说还是立法条文，都没有达成一个统一的且能为各方所接受的普适性定义。

在美国,有的学者认为:重整在商业领域中是一个含混而又令人厌恶的词语,它描述的是这样一种程序,即债务人通过延长债务履行期限或削减债务总量来重组债务,其核心特征在于制订出重整计划。有的学者将重整定义为:是破产清算的可替代程序,是任何形式的商业企业在无力偿债的情况下都可以申请适用的破产程序。

在英国理论界,有学者认为:重整是一个法院的命令,只要该命令在有效期内,那么被签发命令公司的财产、营业、事务将被一位管理者管理,该命令只有在法院认为符合法律的目的并且公司出现或有可能出现无力清偿债务的情况下才可签发,已经进入破产清算的公司和银行保险公司不得使用。另有学者认为,重整是法院为了全体债权人的利益,同时也是为将公司作为一个经营整体而加以继续维持而任命管理者对公司进行接管的一项指令。

我国大陆破产法中没有给出重整制度的定义,在理论界,学者的定义大致相同。例如,有人认为重整是指对已具破产原因或有破产原因之虞而又有再生希望的债务人实施的旨在挽救其生存的积极程序。有人认为重整是指经由利害关系人的申请,在审判机关的主持和利害关系人的参与下,对具有重整原因和重整能力的债务人进行经营上的整顿和债权债务关系上的清理,以期摆脱财务困境,重获经营能力的特殊法律程序和制度。还有学者认为,重整乃指在企业无力偿债的情况下,依照法律规定的程序,保护企业继续营业,实现债务调整和企业整理,使之摆脱困境,走向复兴的再建型债务清理制度。

结合上述众多学者的理解,本书将破产重整界定为:对已经具备破产原因或有破产可能的债务人,根据利害关系人的申请,经法院审查认为具有再生可能时,裁定予以债务调整和企业整理,以使其走向复兴的制度。

二、破产重整的特征

破产重整和破产程序不同,因为其主要不是为了对债务人的财产进行分配。破产重整与和解程序也不同,因为破产重整主要是对债权人、股东及其他利益相关者的关系进行调节,也就是对企业的利益关系进行调节,并对担保物权的行使予以限制。总之,破产重整程序不会像破产程序那样向债权人公平分配债务人的财产,并从经济活动中简单消灭债务人,而是一种积极的以拯救与获得重生为主要目的的程序。破产重整主要具有以下几项特点。

(一)重整对象的特定化

企业破产重整一般要耗费惊人的资源,付出巨大的社会代价,所以只有少数国家法律规定的重整对象的范围较大,如美国、法国等,其余国家所规定的重整对象的范围比较小。例如,日本的"公司更生法"主要针对股份有限公司,也就是说,重整对象的范围只是局限于股份有限公司;我国台湾地区的"公司法"将公开发行股票或公司债券的股份有限公司作为主要重整对象,我国的破产法限定将企业法人作为破产重整对象。

(二)重整原因宽松化

一般来说,企业申请和解程序的原因虽然比较单一,但十分严格,而企业破产重整程序的申请则不需要太严格的原因,不是必须要证明债务人已经不能按时偿还债务才能提出申请,而只要有这方面的可能或预料到不能清偿债务,就可以由债务人、债权人或股东提出关于重整程序的申请。简单来说,只要企业面临财务危机,就可申请重整。如果是债务人主动申请重整,则一般就可以确定企业确实到了破产重整的地步或者说企业具备了破产重组的原因。

(三)程序启动多元化

债务人或债权人都可以提出破产申请,但一般只能由债务人提出和解申请,很多国家的破产法或和解法都是这样规定的。至于破产重整的申请,债权人、债务人或者公司股东都可以提出,呈现出多元化的重整程序。

(四)措施多样化

企业破产重整计划中往往包含有多种多样的措施和非常丰富的内容,如债权人对债务人的妥协;企业的出让、分离与合并、租赁经营、追加投资等都包含在内。这里需要注意的是,企业出让与租赁经营并不是在破产后简单租售财产,而是指不变动原有法人的资格,出让或出租的是作为"活的整体"的且包含各种生产要素的企业。也就是说这是易主经营的一种方式,这样一般不会导致大量工人失业等严重后果的发生。

(五)程序优先化

企业重整程序和一般民事执行程序、破产程序、和解程序等相比,都具有优先权,一旦开启重整程序,就不能开启一般民事执行程序、破产程序或和解程序,即使这些程序在执行过程中,也要立即中止。如果重整申请与破产申请、和解申请同时出现,则重整申请应该由法院优先受理。

(六)参与主体的广泛化

债权人与债务人是破产程序与和解程序中的主体,股东不是主体,没有发言权,对于破产或和解的事实,只能被动接受。在重整程序中,债权人、债务人、股东甚至公司员工都要参与程序,都要将自己的意愿表达出来,这样才能做到各方利益兼顾,才能更加顺利地启动破产重整程序。

(七)价值取向多元化

企业破产对社会是有巨大影响的,而且这种影响具有辐射性,影响力由内而外不断扩大。

首先,企业破产倒闭对债权人及股东有着非常严重的影响,他们会损失大量财产。

其次,企业破产倒闭对企业职工的影响也很大,大量企业职工面临失业问题,严重影响了他们的经济利益和生活。此外,企业的合作伙伴、社区也会受到不同程度的影响。

最后,与企业有关联的其他人或者与上述受影响群体存在利害关系的人也会受到影响,如工厂破产倒闭后,周围服务行业也就难以为继;大的企业倒闭后,当地经济严重受挫,居民生活质量下降,而且容易引起社会治安问题,影响社会和谐稳定。

(八)目标双重化

企业破产重整制度具有双重目标,一方面是在债务人没有能力偿还债务的情况下,依法向债权人公平分配债务人现有财产,进行债务了结;另一方面,产权、资本结构到内部经营管理战略等多方面调整面临经济困境的企业,使企业摆脱经济困境,获得重生。债务清理与企业重生是密切相连的,这也是重整制度与破产清算制度和传统和解制度的一个区别。

(九)重整债权处置的特殊性

一旦将司法程序导入重整制度中,法院的中坚地位就在整个制度中被确立了下来。在重整处置中限制担保债权的行使,重整人可以向税务机关提出关于税款减免的申请,从而使公司重整、重生、恢复的可能性得到更大限度的保障。企业破产重整中需要法院积极参与,发挥其重要作用,重整程序能否顺利实施、重整目标能否顺利实现,在一定程度上取决于法院能否积极参与和发挥监督作用。

三、破产重整制度的基本原则

破产重整制度的基本原则主要有以下三项。

(一)社会利益优先原则

大企业倒闭破产对社会造成的影响是不可低估的,为了控制这一影响,需要对一些个体利益进行限制,优先考虑社会整体利益。对于陷入经济困境的企业,要尽最大努力使其生存下来,并一步步复兴,这样对社会经济发展与秩序稳定都有重要意义。

在社会利益优先原则的基础上又派生出以下几项更为具体、详细且具有指导意义的原则。

1. 重整对象特定化原则

市场经济机制的顺利运行是建立在公平竞争基础上的,随着商品经济、市场经济的不断发展,竞争机制也越来越完善,可以说市场经济就是商品生产者之间的竞争经济。从市场法则来看,如果公司经营已经陷入不可扭转的困境,那么就应该自然而然地被市场淘汰,此时继续在市场上与其他公司竞争也只是徒劳,这也是优胜劣汰规律的体现,基于竞争而形成的优胜劣汰规律能促进社会经济发展。中、小企业若在市场竞争中面临淘汰危险,我们应抱着顺其自然的态度,但如果一些大企业陷入困境,我们要尽可能帮助它维持生存,以免因破产倒闭而对社会造成不可估量的影响,这是出于社会整体利益考虑的。因此,从社会整体利益出发来考虑的话,对国计民生影响重大的大企业是破产重整的主要限定对象。

2. 公司维持原则

破产重整主要是为了维持与重建陷于经济困境的公司,防止其破产倒闭,以免导致债权落空、股权丧失、工人失业,帮助这些公司摆脱困境,有助于对债权人、股东和其他利害关系人的利益予以保障,进而维护社会安定,促进社会经济发展。

破产重整制度是以维持公司实体而保全作为继续企业的经济价值及社会价值为目的的制度。因为要维持的是公司的"实体",所以不需要维持法人的同一性,也可以以企业实体为基础对新公司进行设立。

3. 免责原则

公司重整后,要摆脱负担,以崭新的面貌进行运营,所以债权人可对债务人作进一步的妥协与让步,放宽债务人清还债务的期限,同样要消灭未申报的无记名股东权。

4. 重整程序优先原则

企业重整程序和一般民事执行程序、破产程序、和解程序等相比,都具有优先权,一旦开启重整程序,就不能开启一般民事执行程序、破产程序或和解程序,即使这些程序在执行过程中,也要立即中止。如果重整申请与破产申请、和解申请同时出现,则重整申请应该由法院优先受理。企业存在破产事实或具备破产原因时,也可先提出重整程序申请。

5. 债权人权益受限原则

在一定程度上限制债权人的权利和利益,可以使破产重整程序的顺利实施得到一定的保证,如对债权人减弱税金的授偿权和担保债权的别除权等予以限制。

6. 重整效率原则

将社会利益放在第一位,并不意味着要扶持所有有困难的企业,并不是要对所有具备破产原因或有可能破产的企业进行破产重整。启动公司破产重整,要尊重企业的市场竞争机制,尊重优胜劣汰的原则。有些公司虽然面临破产,但公司财产还有可取之处,经过重整还可以发挥它们的价值,对于这类公司,为避免造成浪费,可进行破产重整。在破产重整期间,要重视重整效率,对于那些重整后也没有希望的公司,要终止重整,以防止债务人逃避债务,对债权人和社会的利益造成损失。

(二)当事人自治与法院监督相结合原则

债务人主动提出重整申请,争取让债权人做出妥协让步,并得到债权人的谅解与帮助,然后凭借企业自身的残余之力完成自我救助,顺利重整,在企业重整过程中,法院也要积极参与其中,在有关环节予以干涉,并做好监督工作,以促进企业重整复兴。

在当事人自治与法院监督相结合原则的基础上又派生出以下几个具体详细的原则。

1. 当事人申请原则

企业陷入财务困境后,如果还有再生可能,那么重整成功的概率是多少,经过重整后是否可以免于破产,这在一定程度上是由当事人自治所决定的。一般来说,债务人、债权人、董事会、股东都有权提出公司破产重整的申请,而法院没有这方面的职权。

通常来说,重整人要拟订重整计划,计划要能将债权人、股东的真实意义反映出来,该计划要在由法院召集的关系人会议上予以通过后才能执行。有些重整计划虽然没有在关系人会议上通过,但法院还是强制批准执行,当然这主要发生在极端情况下。

2. 协议和解及强制约束原则

要在关系人会议上顺利通过重整计划,就要在拟订计划的过程中兼顾债权人、股东等重要人员的利益,协议解决利益冲突问题,若在关系人会议上多数人同意计划,则计划通过,对于少数不同意者,会议后进行协议和解。

为了顺利实施重整计划,并在实施过程中加强对各环节的监督、控制,法院要强调重整计划的约束力,计划对公司、关系人(同意与不同意计划的当事人)都有约束力。只有具有约束力的计划才能顺利执行,减少执行中的障碍,提高执行的效率。

3. 积极干预原则

债权人、债务人或股东提出公司破产重整申请后,法院受理,并严格监督,公正处理。在整个重整计划的实施过程中,法院都发挥着举足轻重的作用,法院的干预是必不可少的。

（三）利害关系人损失分担及共同参与原则

本质上来看,公司破产重整制度就是通过债权人、债务人和国家三者间的让步,承担并批准自己的权利一般或个别的被停止或失效的正当利益,从而调整公司的资本结构,缓解财务困难,降低经营成本,提升竞争力,维持企业实体。但是股东、债权人和国家三者之间的利益既存在一致的方面,又存在一定差异对立的方面。他们大都希望牺牲别人的利益来补偿自己,因此这里必须强调利害关系人的损失分担及共同参与原则,国家的让步很有必要。在利害关系人损失分担及共同参与原则的基础上又派生出以下具体原则。

1. 公平补偿原则

破产重整涉及多方面的利害关系和很多主体的利益,所以如果拟订好的重组计划在关系人会议上被一部分债权人或股东反对,那么即使最后多票通过,也要在实施该计划的过程中公平对待这些持反对意见的主体。对持反对意见者的所有损失予以补偿是公平补偿原则的本质。

2. 绝对优先原则

绝对优先是指在清算程序中处在优先顺序中的组别如果对重整计划草案持反对态度,则它在重整计划中的受偿应当优先于位于其后的组别。坚持这一原则主要是为了对利害关系人之间的利益予以平衡。

四、破产重整制度的作用和局限

（一）破产重整制度的作用

之所以很多国家都倾向于采用重整制度,主要是因为它具有破产程序与和解程序所不具备的优势,能够弥补破产程序与和解程序的弊端。破产重整制度的作用主要体现在以下几方面。

1. 为预防企业倒闭解散提供新路径

重整制度能够有效地防止公司倒闭,具体表现在以下几个方面。

首先,债权人、股东和国家三者之间相互让步,节约了企业的经营成本,提升了企业的竞争能力。企业在生产经营中遇到困难也是在所难免的,即使有些企业业绩很好,也可能因为国家政策的变化、金融危机等因素的影响而陷入窘境,面临破产倒闭的危险。对可能破产倒闭或将要破产倒闭却仍有生还希望的企业进行重整,能够达到起死回生的目的。

其次,企业破产重整制度中含有严格的监督机制,有助于使企业的经营管理现状得到有效的改善。在重整过程中,在关系人会议上表决通过重整计划,然后在重整人的主导下执行计划,法院在这个过程中主要发挥监督职能。法院的严密监控可以约束重整人的行为,避免其做出对企业不负责的事,这样企业的经营管理局面就能发生扭转。

最后,重整制度中对罚则做出了明确规定,以对顺利实施重整计划予以保障。如果重整人或重整监督人在重整过程中存在懈怠行为,或行使权利不当,或给企业带来巨大损失,则要求其承担赔偿责任,造成严重后果者可能还要承担刑事责任。

2. 实现债权人和股东的双赢

一般来说,濒临破产倒闭企业的清算价值要比其继续存活时的价值低一些,所以在破产清算中债权人往往得不到满意的清偿,股东更是不能如愿获得期望的权益。在重整制度下,随着重整程序的开始,会暂时冻结债权和股东权,但只要企业在重整之后获得新生,能够顺利运营,盈利能力得到恢复,那么债权人不仅可以继续维持与企业的关系,还能从企业盈利中获得较为满意的清偿。同样,随着公司经营局面的扭转,股票价格上升,股东也会获得可观的红利,这和公司破产清算时股东和债权人面临的损失相比,是非常值得庆幸的。

重整制度充分保护债权人和股东的利益,以实现债权人和股东的双赢,如各国立法都规定,重整计划必须经关系人会议各组表决权总额的绝对多数通过,如果有的组认为自己的利益在当前的重整计划中得不到维护,那么在重整计划的实施中必须对会议上没有同意的小组给予特别的保护。

3. 维护社会安定和正常的交易秩序

现代社会中存在很多经济组织形式,其中最主要的代表就是企业公司,大企业的主要组织形式是股份有限公司,这类组织形式具有规模大、股东分布广、员工数量多、存在复杂的债务关系等特点。一个国家的经济发展在很大程度上会受到这种公司的影响,也就是说规模大的股份有限公司对一国的经济发展具有重要意义。我国加入 WTO 以来,面对激烈的国际竞争,为应对竞争,采取强强联合的方式来提升实力,以在国际市场占据一席之地。大型企业公司在促进我国经济发展、社会安定以及提升国际影响力方面发挥了举足轻重的作用。

所以,当这类公司遇到困难且随时都可能破产倒闭时,我们不能放任不管,不能任由其关门解散,否则不仅损害了股东、债权人的利益,也影响了众多员工的生活,而且还会造成很多严重的社会问题。所以说,如果大型公司陷入了经济困境中,但公司依然有经营价值,并且还有重生的希望,那么就要伸手援助,使其恢复正常经营,这样不仅债权人和股东的利益得到了维护,还起到了维护社会稳定和促进经济发展的作用。

总之,对公司进行重整,对于促进经济发展,增强一国企业竞争力与国外企业抗衡有重要作用。

(二)破产重整的局限

破产重整虽然具有重要作用,但也存在一定的缺陷,如重整程序复杂,不好操作,需要投入的时间成本、资金成本以及人力成本都非常多等。不是所有的企业破产重整都能取得预期的效果,也有失败的可能,如果未能成功,那么债权人将蒙受巨大的损失。世界上有很多重整失败的案例,其中广为人知的美国东方航空公司倒闭就是这样一个典型案例。最初该公司提出破产保护申请时,当时所拥有的资金是能够一次性清偿完所有债务的,但一年后其拥有的资金所能清偿的债务还不够一半,最后重整未能成功,债权人只获得了很少的清偿。可见,破产重整并不是每次都能成功,它是有局限性的,只有克服局限,提高重整的成功率,才能更好地保护债权人的利益。

归纳起来,破产重整制度主要有以下局限。

1. 被滥用的危险性

较之于和解制度,公司破产重整制度能够更有效地预防公司的破产倒闭,但绝不意味着凡经过重整的公司都能够起死回生。

一方面,一旦公司需要重整,那说明这个公司基本都陷入了严重的经济困境中,随时有可能破产倒闭,而且和公司的辉煌期相比,其在市场上的信誉会降低,需要先客观评价该公司的经营价值,判断该公司经过重整后是否有重生的可能,然后再决定是否要重整。尽管相关法律有"重整债务可以优先受偿"的规定,但因为公司信誉大不如前,所以难以赢得信任,可见公司破产重整本身就存在一定程度的风险。

另一方面,一般来说,国家对于确定要重整的公司会给予很多方面的优惠政策,债权人也会向债务人做大幅度的妥协,这样一来,公司一旦重整成功,恢复正常经营,那么其在市场经济中的地位依然很高,这对它的未来发展十分有利。正因破产重整对濒临破产的企业来说好处多多,所以才会有很多即使不具备破产重整条件或没有达到破产重整相关法律规定的公司也申请破产重整,不具备条件的公司如果真的濒临破产,那么其本身的经营价值也就不存在了,其之所以极力去争取破产重整,主要就是为了拖延债务,获得生还的可能。其实,即使这些公司进行破产重整,最终也基本都以重整失败告终,这样就会进一步损害债权人和股东的利益。这也反映了公司破产重整制度的不严谨,容易被一些道德水平较差和信誉度低的公司滥用,所以说存在局限性。

2. 可能带来一些消极后果

债权人、债务人和公司股东都要参与公司破产重整程序,其中债权人有一部分是普通债权人,有一部分是担保债权人,股东有的是普通股股东,有的是优先股股东。破产重整程序的这些参与主体之间的利害冲突关系十分复杂,主要表现为债权人与债务人之间的关系冲突、债权人与股东之间的关系冲突;两种债权人之间的关系冲突;两类股东之间的利害冲突等。这些主体间存在冲突,主要是因为他们都想尽可能为自己谋利益,获得更多的好处,这样就必然会使其他利害关系者的利益受到威胁,而要让这些主体相互让步妥协是很难的。这些参与主体在关系人会议上都有表决权,所以重整计划在关系人会议上往往很难全票通过。为了尽可能维护各个主体的利益,在重整制度、程序与计划的设计与实施中必须下一番功夫,尽可能做到公平公正、全面兼顾,虽然制度中的一些限制性规定有利于兼顾各方利益,但这些规定也不是完全没有缺陷,可能会造成一些不好的后果,具体从以下几方面体现出来。

(1)债权人承担的风险大,对债权人不公平

企业重整可能会使债权人的利益受损,有失公平,主要原因如下。

第一,为了对公司资产的完整性予以保护,企业破产重整制度中有关于强制程序、别除权、重整债权清算等方面的限制性规定,这些规定是不利于保护债权人权益的。

第二,关系人会议上采用分组表决方式来决定是否通过企业破产重整计划,虽然这种方式使重整计划通过的几率得到了提

升,但将债权人自主清理债务的能力削弱了,而且有时若重整计划通不过,法院会强制通过,以维护社会整体利益和社会安定,但这可能与债权人的意志是背向而驰的,债权人的意志被排斥、忽视,其权益受到严重影响,经济生活也难以安定。

第三,通过企业破产重整挽救濒临破产倒闭的企业,要坚持公平原则,具体表现为谁受益、谁负担风险和损失,企业重整的受益者很多,从集体的视角来看,政府与社会应共同承担责任与风险,以维护社会利益。虽然企业重整的受益者中可能包含债权人,但让债权人承担太多的风险和损失对其来说不公平。

第四,企业重整并不是百分百都能成功,也有失败的可能,一旦失败,给债权人造成的损失将是巨大的,企业重整失败的风险和损失本应由政府或者社会承担,而由债权人承担对其来说是很不公平的。

通过分析以上几方面的原因可以看出企业破产重整对债权人的不公平,正因如此,有些国家给债权人赋予了决定是否进行企业重整以及如何重整的权利。

(2)重整制度对担保物权的限制会使交易安全受到影响

参与公司破产重整程序的债权人有普通债权人和担保债权人之分,商业银行是常见的担保债权人。重整制度中对行使担保物权的限制比较严格,而且损失分担机制或损失消减机制不健全,也直接增加了商业银行的资产风险。银行为了应对资产风险,必然会将融资成本提高,并对融资条件提供更多的要求,谨慎向企业借款,这就增加了企业贷款的难度。这个问题其实对于企业和银行来说都是棘手的,在选择中容易陷入两难的境地。所以说,安全交易要以保障债权为基础,保障债权,需要建立并完善担保体系,并积极采用最安全有效的债权保障措施,即担保物权,民法原则——“物权优于债权”是一个传统原则,若违背这一原则,而且不重视对损失分担机制与损失消减机制的建立健全,那么最终将在债权人与债务人的交易之间展开一轮斗争,以保障债务秩序安全。债权人面对失效的担保物权法,必然要寻找一种新的债权保障措施,这一措施要么安全系数比担保物权高,要么成本比担保物权低,这样即使打破了传统债务秩序,债权人也可以找到附加成本,以实现风险成本平衡。但这样一来,社会交易成本增加了,也影响了社会交易安全。

(3)挽救企业可能使股东利益受到影响

企业重整可能会使股东利益受损,具体表现如下。

第一,在企业重整中,股东与债务人企业之间存在利害关系,具体表现为红利分配权、剩余索取权等,而且如果企业重整程序中有股东参与,则企业可获得更多的资金,这样企业重整成功的可能性就会增加。一般由重整人操控企业重整程序,原企业的经营管理层或者精通企业管理的专业人员都可以是企业的重整程序执行人。但企业重整程序的操作中,股东利益被重整人侵犯的事情常常发生,而且企业小股东与大股东之间也存在这样的问题,具体就是小股东的利益被大股东侵犯。

第二,虚假陈述和披露虚假信息的问题在中国股市一直都存在,中国股市还存在信息不完全透明、缺乏完善的退市机制、人为操纵等严重的问题,如果将来要重整处于 ST、PT 的公司,则会缺乏法律支持,导致退市不及时、不能及时披露重整失败的信息、给人为炒作以可乘之机等结果。若重整制度不透明,与股市圈钱行为存在一定的关系,那么企业重整过程中很容易出现信用黑幕,不符合法律规定,在市场信息中处于弱势地位的广大股民承担重整的风险,其权益很容易受损。

第三,股东派生诉讼当前在我国还没有建立,所以股东能直接诉请法院对其利益进行保护。投资重整的企业要承担很大的风险,股东派生诉讼的缺失和相关法律保障的漏洞使得股东的权利和权益得不到很好的保护,在重整程序中股东虽然参与其中,但不能发挥监督权,这样就很难激励与吸引股东注资挽救企业,企业重整成功的几率也会大大降低。

第二节　企业破产重整的程序和方法

企业破产重整的程序与方法非常复杂,复杂程度远远超过企业清算与企业破产和解,具体表现为财产处置方法复杂,遇到的阻力非常多,涉及复杂的资本运作。下面具体对企业破产重整的程序与方法进行说明。

一、企业破产重整的一般流程

(1)企业具备了破产重整的原因,表现为企业法人不能清偿到期债务,具体参考《新破产法》第二条。

(2)债务人和债权人直接向法院申请重整,重整程序启动。在债权人申请对债务人进行破产清算的,法院受理申请后宣告破产前,债务人或者出资额占债务人注册资本十分之一以上的出资人,可以向法院申请重整。(《新破产法》第七、第七十条)

(3)法院审查债务人与债权人提出的重整申请,如果与法律规定相符,则裁定债务人重整,并予以公告。(《新破产法》第七十一条)

(4)管理人由法院明确指定。

(5)法院向已知的债权人发出通知,并向未知的债权人以公告的形式进行通知。债权人申报债权的期限、第一次债权人会议召开时间和地点均由法院确定。

(6)债权人向管理人申报债权,提交申报材料,管理人登记造册并予以审查,编制债权表,然后向第一次债权人会议提交以核查。

(7)第一次债权人会议在债权申报期满之日起 15 日内召开。

(8)重整期间,债务人经法院批准后可以自行管理财产和经营事务,但要接受管理人的监督。

（9）自法院裁定之日起 6 个月内，债务人或管理人将《重整计划草案》（内容见《新破产法》第八十一条）提交给法院和债权人会议。债务人或管理人可申请延期，最多延期 3 个月。如果债务人或管理人未在规定期内提交《重整计划草案》，法院则裁定重整程序终止，然后正式宣告债务人破产。（《新破产法》第七十九条）

（10）法院从收到《重整计划草案》之日起 30 日内召开债权人会议，采取分组表决方式。（《新破产法》第八十二、第八十四条）

（11）《重整计划草案》获得各表决组通过的，则《重整计划》通过。《重整计划草案》未获得通过的，依《新破产法》第八十七条处理。（《新破产法》第八十六、第八十七条）

（12）自《重整计划》通过之日起 10 日内，债务人和管理人应当向法院提出批准《重整计划草案》的申请，法院经审查认为合法的，应当自收到申请之日起 30 日内裁定批准，终止重整程序并予以公告。《重整计划草案》经法院批准后，则产生了约束力。《重整计划草案》未获得通过且未依《新破产法》第八十七条的规定获得批准，或者已通过的《重整计划草案》未获批准的，法院应当裁定终止重整程序，并宣告破产。（《新破产法》第八十六、第八十八、第九十二条）

（13）《重整计划草案》获批准后，进入重整程序，主要由债务人负责。管理人将财产和营业事务移交给债务人。在执行重整计划的过程中，由管理人监督。管理人有权知道计划执行情况和财务情况，债务人应清楚地报告。监督期结束时，管理人将监督报告提交给法院，此时管理人不再有监督职责，管理人可以申请延长监督期限。（《新破产法》第八十九、九十、九十一条）

（14）重整计划执行完毕后，若公司恢复正常状态，则结束重整，公司正常运营。

（15）若债务人不执行重整计划或没有能力执行，经管理人请求，法院应当裁定重整程序终止并宣告破产，然后进入破产程序。（《新破产法》第 93 条）

二、企业破产重整的方法

在我国企业的破产重整中,不少地方创造了许多宝贵的经验和有用的方法,这对于深化企业改革是非常及时和有意义的。

(一)实施抢救剥离,分立重整

将濒临破产企业的部分有效资产和部分职工先行分立出来成立新企业,同时按照与三分之二债权额的债权人商定的比例承担相应的债务,再经过半年时间,对企业分立后的残体实施破产。破产财产首先用于支付破产费用,其余作为职工安置费由分立出去的新企业连同职工一并接收。安徽省的蚌埠第三纺织厂最早试行了这种方式。此后,蚌埠、合肥两市共有12家企业采用了这种方式实施破产。分立重整最大限度地保护了债权人的利益,但由于债权人之间的利益难以平衡,操作难度较大,而且分立出去的企业往往带债过多,接收破产残体后包袱过重,所以实践中未进行大面积的推广。

在企业重整实践中,如果企业确实无力扭转整体局面,终将走向破产,那么可以先剥离出实力较强、产品销路较广、市场前景良好以及在各方面帮助下能够成为经济实体的那些部门,然后评估企业资产,新组建的具有法人资格的经济实体按一定的比例划分有效资产,从而为原企业清偿债务,连带经济责任由原企业和新组建的企业共同承担。

新组建的企业虽然具有一定的实力,但要作为一个正式的独立的经济实体来运营离不开一定的扶持,具体从以下几方面予以扶持。

(1)银行提供启动资金,让企业有能力自救。

(2)企业停产整顿期延长半年。

(3)社会保险部门统一管理企业离退休职工。

(4)如果是国有企业,政府拨款对企业所在地区的生活设施进行整改。

（5）对企业的亏损、潜亏做相应处理（按照财政部的有关规定办理）。

（6）对剥离后的破产企业采取减轻破产冲击的政策。

（7）对富余职工发放一次性遣散费。

（8）对长期依附主厂的所属集体企业同时实施破产。

（二）整体接收破产企业

企业破产重整中，要按合理的比例对普通债权人进行清偿，在此基础上企业由其他优势企业法人或企业集团按照一定的法律程序来整体接收，在这个过程中要优化配置企业所有财产，并统筹安排企业职工，合理安置职工，可通过对破产企业进行技术改造、结构变动、重建制度等使其成为其他优势企业或企业集团的分公司、子公司，或通过资产重整对破产企业进行股份制改造，使之成为优势企业中的组成部分之一，这主要包括以下情况。

（1）整体接收破产企业的优势企业法人或企业集团通过零收购的方式获得破产企业的土地使用权。

（2）破产企业的职工全部由新企业接收。

（3）地方政府依法管理破产企业的所有非经营性资产，将企业办社会的包袱甩掉，在具备一定条件的情况下，政府可通过财政拨款对原企业中下岗职工的工资待遇问题进行解决。

（4）整体接收破产企业的优势企业或企业集团在接收破产企业的职工后，依然承诺给职工上医疗保险、养老保险等社会保险，待遇不变，甚至允诺在职职工可以以优惠价购房。

（5）对于接收破产企业的优势企业，地方政府给予政策支持，如土地开放政策、税收优惠政策等。

现在，我国社会保障制度还不够健全，所以整体接收破产企业是值得采纳的一个企业破产重整方法，通过该方法进行企业破产重整，有利于使优势企业完成低成本扩张，促进社会经济发展，维护社会秩序。

（三）职工购买破产企业的资产

　　破产企业中如果有些产品还有一定的市场,可以鼓励企业职工出资购买,以实现股份合作制企业的重组。

　　成都宏元矿业发展有限公司就是这样一个典型案例,位于成都市边远山区的湔江煤矿在陷入资产困境后,对煤矿职工进行了妥善分流安置,煤矿破产后的财产由煤矿职工自己出资购买,在此基础上又组建了成都宏元矿业发展有限公司,这是股份合作制性质的企业,企业按新的组织形式、运行机制运行,职工的观念、经济效益都发生了较为明显的变化。

附录:

申请人

收到裁定之日起15日

债务人 　债权人

收到裁定之日起10日，对裁定不符的，向上级法院提起上诉

人民法院收到申请

向人民法院提交如下材料：
1.财产状况说明；
2.债务清册；
3.债权清册；
4.财务会计报告；
5.职工工资支付情况；
6.社会保险缴纳情况

5日

5日

通知债务人

7日

①15日

债务人异议

②10日

①②规定的期限经上级人民法院批准可以延长15日

人民法院裁定

受理/指定管理人　　不受理　　5日内送达申请人，并说明理由

25日

通知已知债权人，并对以下内容进行公告：1.申请人、被申请人名称；2.受理申请的时间；3.债权申报的期限、地点及注意事项；4.管理人名称及处理事务地址；5.债务人的债务人或财产持有人向管理人清偿债务或交付财产的要求；6.第一次债权人会议的时间、地点

20日~3个月

债权申报，申报期届满后即发出第一次债权人会议的通知

15日

第一次债权人会议

和解（见图三）　　宣告破产（见图二、图三）　　重整（见图二）

破产清算（见图四）

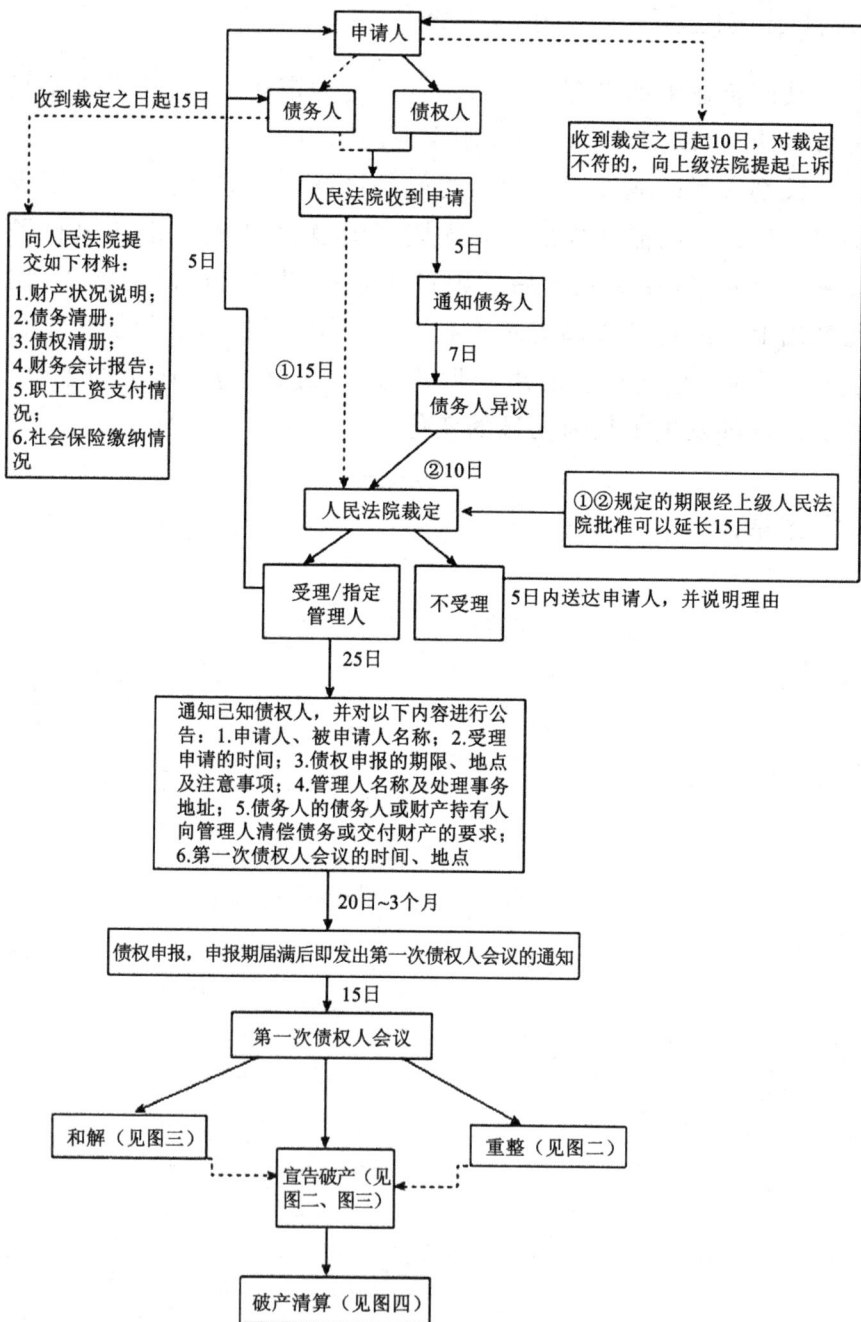

图 6-1　破产流程（图一）

198

重整申请人

债权人　　出资占1/10以上的出资人　　债务人

债权人申请对债务人破产清算的在人民法院受理破产案件申请后宣告债务人破产之前，可申请重整

直接申请　　　　　　　　　　　　　　　　　　　直接申请

人民法院收到重整申请

参照图一中关于受理破产申请的程序

不符合重整条件

（新破产法）对于在法院受理破产申请之后申请重整的期限没有明确的规定

裁定重整，公告

宣告破产，进行清算

6个月（经债务人或管理人请求，人民法院批准可延长3个月）

提交重整计划

未按时提交重整计划

收到重整计划之日起15日

债权人会议通知

15日

召开债权人会议，对重整计划进行表决

未通过的，经协商后再次表决

表决通过

10日

人民法院根据《破产法》第87条审查

申请法院批准

30日

裁定是否批准

不批准

批准

终止重整程序

执行

裁定终止计划执行

执行重整计划

不执行

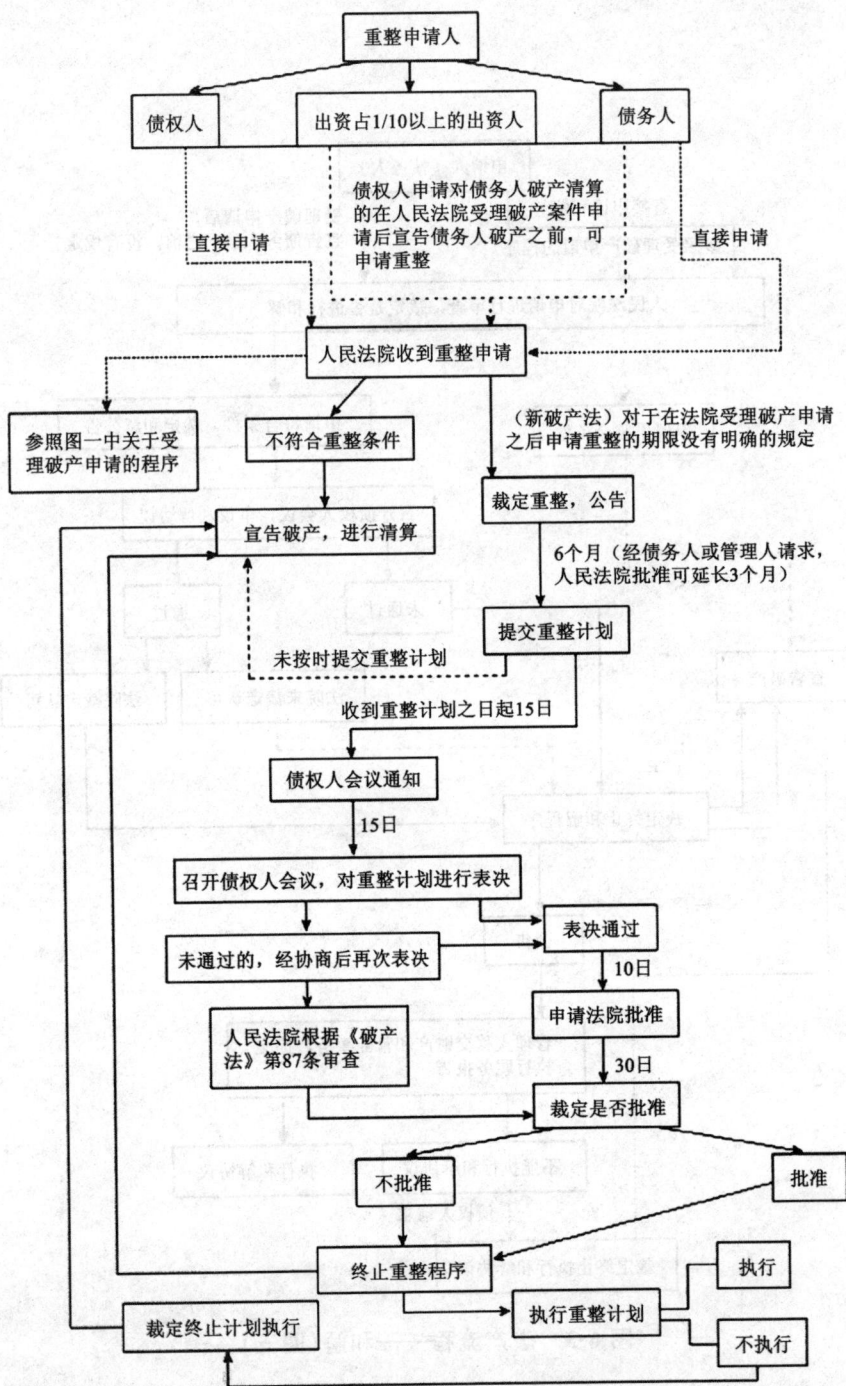

图 6-2　破产流程——重整(图二)

申请人（债务人）

直接申请和解
参照受理破产申请的程序

受理破产申请后，
宣告债务人破产之前，没有规定

人民法院对申请进行审查，裁定是否进行和解

申请不符合条件

申请符合条件，裁定和解公告

召开债权人会议，审议和解协议

未通过

通过

宣告破产

法院未裁定认可

法院裁定认可

裁定终止和解程序

公告

管理人移交财产和营业事务，提交执行职务报告

不能执行和解协议

执行和解协议

债权人请求

裁定终止执行和解协议

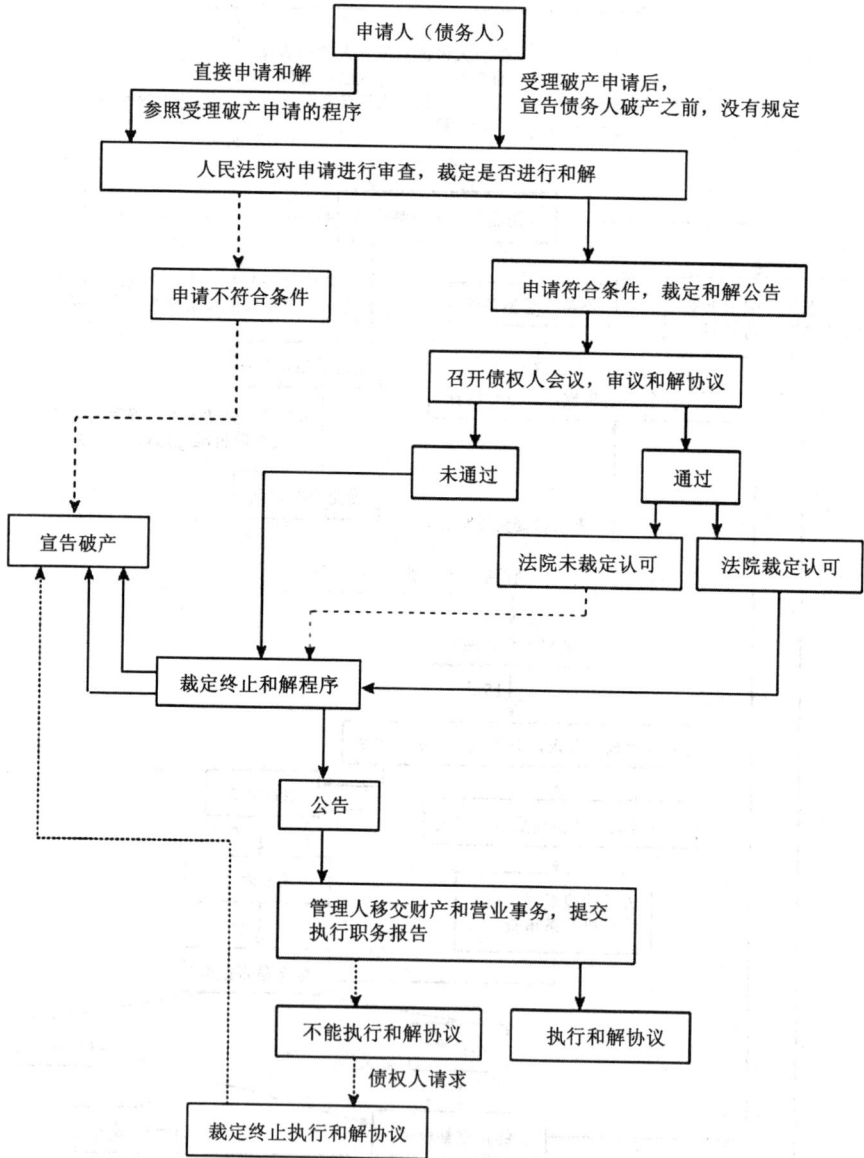

图 6-3 破产流程——和解（图三）

宣告破产

5日 → 送达债务人和管理人

10日 → 通知已知债权人/公告

清算财产 → 行使别除权

管理人拟订破产财产变价方案

无财产共分配

债权人会议讨论

拍卖财产

破产宣告前：
1.第三人为债务人提供足额担保或为债务人清偿全部到期债务；
2.债务人已清偿全部到期债务的

管理人拟订破产财产分配方案

债权人会议讨论

清偿债务

裁定终结破产程序，并公告

15日 → 管理人提交分配报告，提请法院终结破产程序

10日

注销

注销完毕之后次日 → 管理人终止执行职务

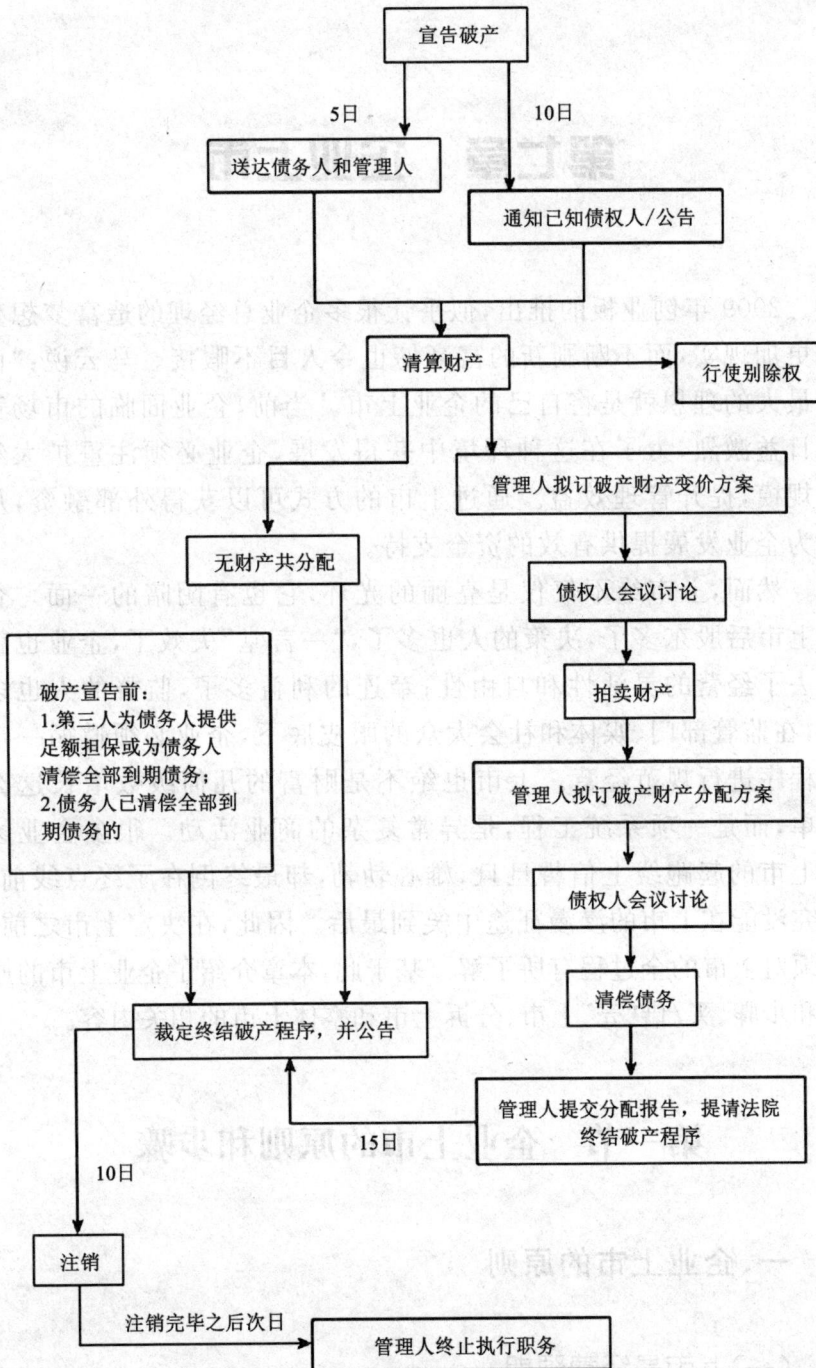

图 6-4　破产流程——清算（图四）

第七章　企业上市

2009 年创业板的推出，似乎让很多企业总经理的造富梦想变得更加现实，而不断刷新的富豪榜也令人目不暇接。马云说："商人最大的理想就是将自己的企业上市。"当前，企业面临的市场竞争日益激烈，为了在这种环境中获得发展，企业必须注重扩大经营规模，提升管理效益。通过上市的方式可以获得外部融资，从而为企业发展提供有效的资金支持。

然而，上市绝不仅仅是亮丽的光环，它也有阴暗的一面。企业上市后股东多了，决策的人也多了，"一言堂"失效了，企业也就失去了经营的灵活性和自由性；牵连的利益多了，监督的人也多了，在监管部门、媒体和社会大众的眼皮底下，企业必须遵循一定的程序进行规范经营。上市也绝不是财富的几何级数增长这么简单，而是一项系统工程，是异常复杂的商业活动。很多企业家在上市的起跑线上信誓旦旦，雄心勃勃，却最终倒在了终点线前，终究没能在上市的漫漫征途中笑到最后。因此，在决定上市之前，必须对上市的全过程有所了解。基于此，本章介绍了企业上市的原则和步骤、买/借"壳"上市、分拆上市和整体上市的相关内容。

第一节　企业上市的原则和步骤

一、企业上市的原则

（一）上市是经营预期

上市是经营预期，现在符合企业上市的盈利条件就行，而不是证明现在的盈利很强,不要把所有的盈利都在上市前释放。投资者买你公司的股票,不是买你的过去,而是买你的未来。过去再好,不如未来好。投资者是容不得企业的盈利倒退的,公司一旦上市,其实只有一条路,那就是不断地盈利增长。一旦盈利不增长了,上市公司的股价就会受到很大打击。

经营预期实际上就是"画饼"。你要告诉投资者你的产品的市场有多大,即"饼"有多大。然后,告诉投资者你的市场份额有多大,并且是不断增长的,你有能力实现这个增长,不信你看企业的历史业绩,一直都在增长,这样你才会使投资者相信,你的饼会越来越大,不是告诉投资者,你的饼现在有多大,大家来买饼吧,而是要告诉投资者,你有把饼做大的能力,投资者现在买的这份饼,捏在手中,将来会变得更大。

对于想到创业板上市的企业来说,创业板尤其注重成长性。能经营好投资者的预期,和现在经营好企业一样重要。

(二)尽量减少不确定性

企业在我国证券交易所上市,不论是中小板上市还是创业板上市,上市前都不允许股票期权,也不允许委托持股、信托持股。历史上,有的在向中国证监会申报前必须落实到明确的个人,更不允许工会、职工持股会作为拟上市公司股东来持股。这是为什么呢?有人说是为了防止有人拿职工股来行贿。当年不是有"今年过节不送礼,送礼就送职工股"的说法吗?这也是为了杜绝各级党政机关干部利用职权索取和购买企业内部职工股。

这话固然没错,不过更重要的原因是为了"在上市前尽量减少不确定性"。因为股票期权存在着不确定性,将来是否行权,股本到底是多少,取决于业绩的完成;委托持股、信托持股、工会持股、职工持股会持股,股东是谁?说不清楚,也容易引发股东之间的纠纷。但企业上市后,就可以实施股票期权方案来激励股东了。

(三)态度越老实越好

如果企业以前存在问题,就老老实实地交代,如果遮遮掩掩的话,一旦被中国证监会工作人员或发审委委员锐利的眼光发现,企业就不会有好果子吃。例如,有一家公司在过去几年内数次发生环保事故,造成环境污染,其中有两次受到相关部门的处罚,招股书未对该等情况进行完整披露,尤其是对有关媒体报道,公司在上会陈述时未能予以澄清。中国证监会也因此否决了该公司的发行申请。

(四)未过会都不是单一因素,而是多因素的叠加

据统计,被发审委否决企业的平均主要否决意见为 1.93 条,只有 18 家企业被否决的主要否决意见为 1 条。由此可见,大部分企业的发行申请被否决,往往不是由于某一个单一原因,而是多个原因。

(五)正视和尊重历史,照顾现实,但关键要看未来

对于民营企业来说,存在这样或那样的问题是非常普遍的。但如果因为存在问题就不让企业上市,那么中国实际上没有多少家企业能上市。关键的问题不是存在问题就不让上市,而是要正视和尊重历史,处理和规范好历史问题,使企业走向规范运作的轨道。证监会看中的是企业的未来,投资者看重的也是企业的未来。

(六)公司情况是基础,中介机构是关键

拟发行上市企业应客观公正地评价自己的行业地位、企业发展阶段、团队能力、管理水平。在企业不符合上市条件时不要霸王硬上弓。另外,企业应将发行上市过程看成将企业的各项标准上升一个台阶的过程,企业应更多地应向内部管理和效益提要求,不是向中介机构的"包装能力"提要求。

这就相当于做菜,原料本身的新鲜度是决定菜肴好坏的根本,配方当然也重要,但是相对于原料而言,配方是第二位的。换言之,公司情况是基础,中介机构是关键。但公司情况是第一位的,中介机构是第二位的。

(七)环保原则

如今,政府特别重视环境保护,企业发行审核实行环保一票否决制。环保不达标的企业,一律不能上市。例如,有一家企业,2005—2006 年发行人排放污水中的 pH 值、化学需氧量、氨氮出现超标,受到所在省级环保局三次行政处罚,所以其发行上市申请被发审委否决了。另外,中国证监会还关注环保设施、环保支出和费用是否一致。对于环保举报多的,涉及人民群众生活的,不可能过会。

(八)摒除"不良习气"

如果没有法律意识和信誉意识,企业家进入资本领域是一件很危险的事情。企业家需要有敢为人先的胆量,但有胆有识须有度,踩着政策和法律的边缘迈步前行是相当危险的。对法律和政策底线的试探和触犯,可能在客观上拓展了商业的空间与边限,但相关危险也会随之而来,其中的法律风险一旦发生,就不仅仅是经济上的损失,更多的将是灾难性的。[①]

英国在发家前是个"海盗国家",发家后变成"法治国家""绅士国家"了。一些"市井企业家"在实现了上市后,一定要丢掉以前的"不良作风和习气",要讲法律、讲诚信。在上市公司这个平台上,你讲法律、讲诚信,一定会干过无视法律、不讲诚信的非上市公司的。因为上市公司比非上市公司多了两条命,没有必要保留那些"不良作风和习气"。

---

① 陈晓峰 . 中国福布斯落马榜[M]. 北京:中国经济出版社,2009:10.

二、企业上市的步骤

企业公开发行股票并上市一般需要经过以下九大步骤。

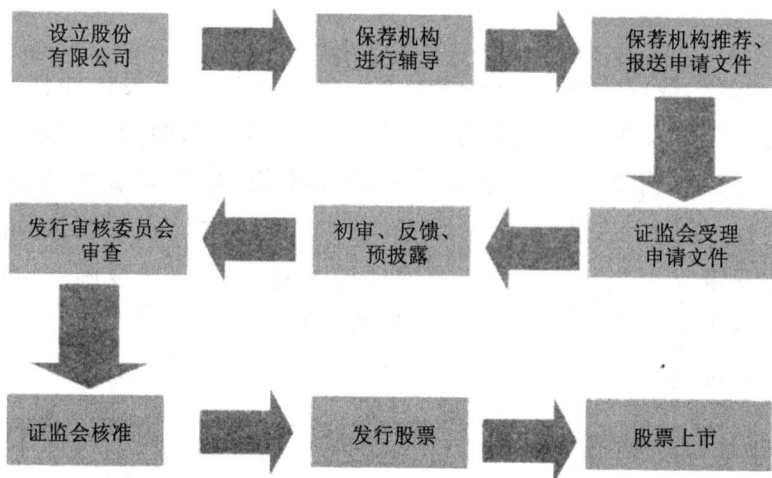

图 7-1　企业上市流程

(一)设立股份有限公司

企业要想在我国创业板或主板、中小板上市,必须有一个股份有限公司作为载体。

如果已经成立了有限责任公司,则需要将其"整体变更"为股份有限公司。如果企业一开始就是股份有限公司,则可以省去这一步骤。

"整体变更"为股份有限公司时,需要聘请四种中介机构:券商(保荐机构、证券公司)、会计师事务所、资产评估机构、律师事务所。这些中介机构在券商的主导下,与公司一起开会讨论,对改制方案进行可行性论证,然后制订出时间表。

会计师对拟改制的资产进行审计,评估师进行评估,律师起草发起人协议和公司章程等文件后,公司就可以"整体变更"为股份有限公司了。

当然,说起来容易,做起来比较烦琐,具体工作可以交给中介机构去完成。

(二)尽职调查与辅导

券商和其他中介机构对公司进行全方位的调查、问题诊断、专业培训和业务指导。

这个全方位的调查,专业术语叫"尽职调查"(Due diligence, DD)。如前所述,尽职调查相当于医生看病前做的 CT、脑电图等,目的是对企业进行全面摸底、掌握情况,看看哪里有问题、不健康,以便对症下药,对照发行上市条件对存在的问题进行整改。

尽职调查的内容包括历史沿革、组织架构、管理制度、劳动人事、环境保护、税务、物业、知识产权、资产负债等方面。此外,还要请券商对公司进行"上市辅导",和教师对学生的"辅导"类似,"上市辅导"是券商对拟上市公司普及证券市场基本知识,让其熟悉资本市场的各种规则,知悉其责任和义务的过程。辅导结束,还有一次书面考试。律师也要参与辅导。

辅导期以前是一年,现在缩短为一般三个月(个别地方为一个月)。在辅导之前,要向当地省级的证券监管局备案,进行告知。辅导结束,还要请当地省级的证券监管局备案进行"验收"。

(三)申请文件的申报

企业和所聘请的中介机构,要按照证监会的要求制作申请文件。无论是创业板上市,还是中小板上市,股票发行申请文件主要包括以下内容。

(1)招股说明书与发行公告。

(2)发行人关于本次发行的申请及授权文件。

(3)保荐人关于本次发行的文件。

(4)会计师关于本次发行的文件。

(5)发行人律师关于本次发行的文件。

(6)发行人的设立文件。

（7）与财务会计资料相关的其他文件。

（8）关于本次发行募集资金运用的文件。

（9）产权和特许经营权证书。

（10）重要合同。

（11）相关承诺。

上述文件需要由保荐机构上报中国证监会。保荐机构在报送上述文件之前，将举行会议进行"内核"。"内核"的目的主要是对拟向中国证监会报送的发行申请材料进行审核，确保证券发行不存在重大法律和政策障碍，并做出是否推荐的决议；对发行申请材料进行严格的质量控制，确保发行申请材料具有较高的质量。

内核"通过之后，保荐机构将发行申报材料上报中国证监会。中国证监会在5个工作日内受理申请文件。

未按规定要求制作申请文件的不予受理。同意受理的，根据国家有关规定收取审核费用人民币3万元。

（四）初审、反馈

中国证监会正式受理申请文件后，对申请文件进行初审，并向保荐机构反馈审核意见，保荐机构组织发行人和中介机构对反馈的审核意见进行回复或整改。

（五）预披露时间的提前

初审结束后发行审核委员会审核前，进行申请文件预披露，最后提交股票发行审核委员会审核。

所谓预披露，是指发行人应在中国证监会发布申请文件之前和审计发布前，在中国证监会网站上预先披露招股说明书（申报稿）。发行人可以在其公司网站上发布招股说明书（申报稿），但披露信息应与中国证监会网站上的披露日期相同且不得比这一时间提前。

招股说明书（申报稿）虽然不是发行人发行的官方文件，不能包含相关的价格信息，但发行人及其所有董事、监事和高级管理人员应确保预先披露的招股说明书（申报稿）内容为真实、准确、完整。

预先披露的作用首先是促进公众监督审计发布工作，并更有效地避免审计发布中可能出现的问题。其次，公众可以举报申请人的文件中出现的问题，以便审核机构能够提前了解和调查情况，这将为审核工作节省一部分时间，可以提高发布审核的效率。最后，提前披露发行文件将使公众能够提前了解发行文件的内容，并帮助他们做出投资决策。

（六）企业参加发审会

企业应选择两三个最熟悉公司情况的人作为发行人代表和保荐代表出席发审会。与会者应对公司基本情况做简要陈述并接受审计委员会成员的询问。企业的演示时间控制在 45 分钟之内的效果比较好。

发行人的代表和保荐代表人员应能够代表公司整体形象，仪表端庄、整洁；发行人代表和保荐代表人应充分熟悉公司的相关资料；审计委员会成员的问题主要由发行人的董事长和总经理回答；在此过程中，要避免过于紧张；回答问题应简明扼要，不说大话、空话。

在审核过程中，公司应在接受文件后 5 天内注意与审核前及其负责人的会面。遵守"静默期"的相关规定，并与审计人员沟通。所谓"静默期"，有两方面的内容：一是自中国证监会受理申请文件至出具第一次反馈意见之间的这段时间，以及在中国证监会有关部门形成初审报告意见后至发审会召开期间设定为"静默期"，负责该审核事项的工作人员不得与申请人及有关中介机构接洽；二是首次公开发行股票申请文件受理后至发行人发行申请经证监会核准、依法刊登招股意向书前，发行人及与本次发行有关的当事人不得采取任何公开方式或变相公开方式进行与股票发行相关的推介活动，也不得通过其他利益关联方或委托他人等方式进行相关活动。

（七）路演、询价与定价

中国证监会核准后，企业在指定报刊上刊登招股说明书摘要及发行公告等信息，证券公司与发行人进行路演，向投资者推介和询价，并根据询价结果确定发行价格。当然，发行数量少于2 000万股的，可以不经路演、询价而直接定价。

路演（Roadshow）是发行人与投资者充分交流，促进股票成功发行的推介活动。发行人在发行股票前，在主要的路演地对可能的投资者进行巡回推介，昭示将发行股票的价值，加深投资者的认知程度，并从中了解投资者的投资意向，发现需求和价值定位，确保股票的成功发行。

对于路演的参加者，公司一方为路演团队，投资者一方为受到邀请的机构投资者、分析师和基金管理人，媒体是被禁止参加的。

路演主要有两个方面的工作：其一，管理层广泛接触投资者，介绍公司的投资亮点，业务、财务等方面的经营状况以及未来的发展战略；其二，面对投资者对于风险、盈利的顾虑，管理层需要加以澄清，或提出具体措施以消除潜在的忧虑。路演团队通常包括董事长、总经理/首席执行官、首席财务官和其他主要管理层成员。重要的是，路演团队必须能够充分代表业务优势，并有效地回答投资者提出的问题。

路演的最重要道具就是给投资者看幻灯片（Powerpoint，PPT）。尽管在路演前，承销商会事先给投资者发放介绍公司的文件资料，但根据经验，投资者基本上看得很少。要让机构投资者在路演的短短几十分钟内立刻做出决定，必须有把复杂问题简单化的销售技巧。因此，一个好的PPT非常重要，它是销售的最主要的道具。PPT一般由公司与投行共同设计、美工、制作。

投资者的问题五花八门，如为什么有市场，与竞争对手有何差别，对未来市场有何看法，如何防范风险，公司治理如何有效运转,有无法律纠葛,收入来源盈利模式之类的,往往是常见的问题。路演团队要准备好回这些问题。对这些问题的回答也往往是考验管理者素质的手段之一。

(八)发行

发行发行流程大致如图 7-2 所示。

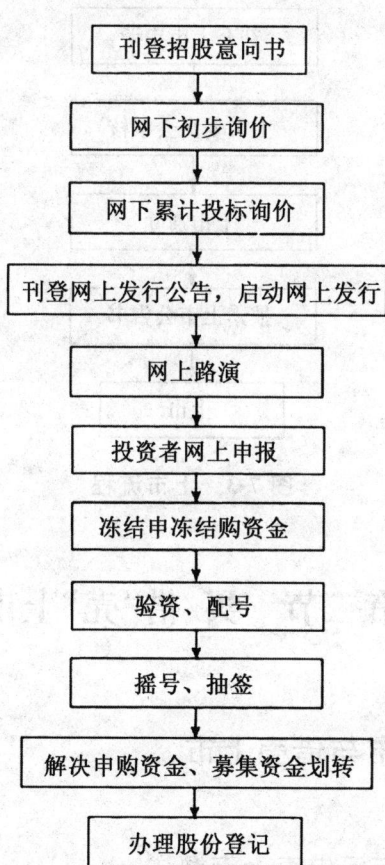

```
┌──────────────────────┐
│      刊登招股意向书        │
└──────────────────────┘
           │
┌──────────────────────┐
│       网下初步询价         │
└──────────────────────┘
           │
┌──────────────────────┐
│      网下累计投标询价       │
└──────────────────────┘
           │
┌──────────────────────┐
│  刊登网上发行公告,启动网上发行  │
└──────────────────────┘
           │
┌──────────────────────┐
│        网上路演          │
└──────────────────────┘
           │
┌──────────────────────┐
│      投资者网上申报        │
└──────────────────────┘
           │
┌──────────────────────┐
│     冻结申冻结购资金       │
└──────────────────────┘
           │
┌──────────────────────┐
│       验资、配号         │
└──────────────────────┘
           │
┌──────────────────────┐
│       摇号、抽签         │
└──────────────────────┘
           │
┌──────────────────────┐
│  解决申购资金、募集资金划转   │
└──────────────────────┘
           │
┌──────────────────────┐
│      办理股份登记         │
└──────────────────────┘
```

图 7-2 发行流程

(九)上市

上市的大致流程如图 7-3 所示。

```
┌─────────────────┐
│   刊登招股意向书   │
└────────┬────────┘
         ↓
┌─────────────────┐
│     上市申请      │
└────────┬────────┘
         ↓
┌─────────────────┐
│     上市审查      │
└────────┬────────┘
         ↓
┌─────────────────┐
│    补充上市申请    │
└────────┬────────┘
         ↓
┌─────────────────┐
│    上市委员会审核   │
└────────┬────────┘
         ↓
┌─────────────────┐
│     上市通知      │
└────────┬────────┘
         ↓
┌─────────────────┐
│   披露上市公告书    │
└────────┬────────┘
         ↓
┌─────────────────┐
│       上市       │
└─────────────────┘
```

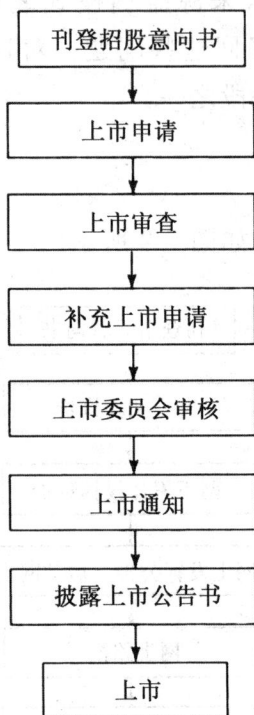

图7-3　上市流程

第二节　买/借"壳"上市

一、买壳上市与借壳上市

(一)买壳上市与借壳上市概述

"买壳上市"和"借壳上市"都是公司采取的一种间接上市的手段,其中"壳"公司壳资源的选择最为关键。所谓买"壳"上市,是指非上市公司通过并购控股上市公司的股份来取得上市地位,然后利用反向收购方式注入自己的相关业务和资产。一般在人们的认识中,都是非上市公司先取得上市公司的控股权,然后再进行资产重组和业务重组,最后通过合法的公司变更手续,使非上市公司成为上市公司。除了买"壳"上市,我们还会经常从媒体报道中听到借"壳"上市这个词。借"壳"上市和买"壳"上市的共同之处在于它们都是一种对上市公司"壳"资源进行重新配置的活动,都是为了实现间接上市;它们的不同点在于买"壳"上市的企业首先需要获得对一家上市公司的控制权,而借"壳"上市的企业已经拥有了对上市公司的控制权。

(二)买壳上市与借壳上市的异同

"借壳上市"和"买壳上市"两者仅一字之差,性质也都是对资源的重新配置,但仍主要存在以下几点异同。

1. 买壳上市和借壳上市的相同点

(1)目的相同

买壳上市和借壳上市都是一种通过资本运作达到对上市公司的实际控制,对上市公司"壳"资源进行重新配置的活动,最终目的都是实现间接上市。

(2)关联交易要求相同

买壳上市和借壳上市一般都涉及大宗关联交易。为保护中小投资者的利益,这些关联交易的信息皆需要根据有关的监管要求,充分、准确、及时地予以公开披露。

(3)"壳"的选择条件相同

一般来说,可选择的"壳"资源须具备这些条件:所处行业大多为夕阳行业,主营业务增长缓慢,盈利水平微薄甚至亏损;公司股权结构较为单一,以利于对其进行收购控股,也就是常说的选择"壳资源"一定要选择"小净空"的。"小"是上市公司规模小,总股本不超过 5 亿为佳,收购资金不会太多;"净"是亏损、欠款、官司多少,明明白白好算账的;"空"指主营业务停止,或者很少经营的空壳企业,便于审批。

2. 买壳上市和借壳上市的不同点

(1)是否获得对上市公司的控制权不同

借壳上市的企业已经拥有了对上市公司的控制权;买壳上市的企业首先需要获得对一家上市公司的控制权。

(2)取得控制权的方式不同

借壳上市的企业一般需要通过资产置换的方式取得上市公司的控制权,由"壳"公司向资产出让方支付收购款;买壳上市的企业一般是由收购方出资收购一家上市公司的控制权,由收购方向股权出让方支付资金。

(3)资本运作手段方式不同

借壳上市的一般做法是:第一步,集团公司首先剥离优质资产上市;第二步,通过大部分上市公司筹集资金,集团公司的重点项目注入上市公司;第三步,通过分配,集团公司的非关键项目将注入上市公司,实现借壳上市。

购买外壳可以分为"买壳""借壳"两个步骤:首先收购一家控股公司,然后利用上市公司通过配股、收购和其他机会注入剥壳机的其他资产。

二、买"壳"上市的原因

我国上市公司的起源、上市公司同政府的关系、企业的股权融资偏好以及上市公司买"壳"、借"壳"的动因都有着相当的特殊性,这些因素无不在上市公司买"壳"、借"壳"中打下深深的烙印。从买"壳"方的角度看,一般有以下几个方面的理由。

(一)成本相对低廉

买"壳"上市的成本比直接上市要低一些,因为"壳"公司一般都是经营业绩很差,甚至是准备退市的公司,购买成本相对较低。从另一个角度来看,由于收购上市所涉及的工作量和时间少于直接申请上市,因此通常需要向中间人支付的费用相对较小。然而应该指出的是,在股市低迷时,上市公司的持有溢价相对较低,但如果股市处于高峰期,上市公司的控股股东往往需要更高的持股溢价,而收购方则需要考虑保费是否合理,考虑时间和成本之后才能做出决定。

(二)能够造成明星效应

在我国的证券市场上,"壳"资源是非常珍贵的,也是地方政府重点扶持的对象,如果能够让"壳"获得重生,势必会造成巨大的新闻和宣传效应,并受到媒体的追捧,因此买"壳"上市能够造成明星效应。黄光裕的鹏润地产选择借"中关村科技"这只股票上市,主要目的就是获得政府和市场的关注,因为中关村科技原来是一只政府和市场都非常关注的高科技股票。

(三)规避复杂的法律规定和上市程序

首次发行上市需要跨过上市的门槛,付出巨大的信息披露成本,建立各类制度章程,且必须经历从改制、重组到上市的复杂上市程序,而买"壳"上市则可以规避这些法律规定和上市程序。透过买壳上市,如没有涉及改变公司的主营业务或把大量资产注进或拨离上市公司,收购者可避免做大量和申请上市有关的工作,包括三年会计报告、评估报告、重组、编写招股书和盈利预测等工作,收购上市较直接申请上市可节省约数个月的准备和执行时间。

(四)避免泄露商业秘密

上市意味着透明的信息披露。相关信息涉及重要的财务数据、重大交易、股本变化、赢利和预算,这些都是重要的商业信息,而它们一旦被竞争者知道,将给企业造成不利影响。但买"壳"上市就避免了这个困境,因为需要公开商业信息的是"壳"公司,而并非买"壳"的公司。

（五）获得财务利益

根据我国《税法》的规定,如果收购的是亏损公司,且将股票作为主要的支付手段,那么所收购公司的亏损是可以合并给收购方的。因为"壳"公司多为亏损多年、经营不佳的公司,这就意味着如果买"壳"方采用股份收购,那么"壳"公司的亏损就可以从收购方的税前利润中抵扣,从而降低税收。

买"壳"上市的具体步骤如图 7-4 所示。

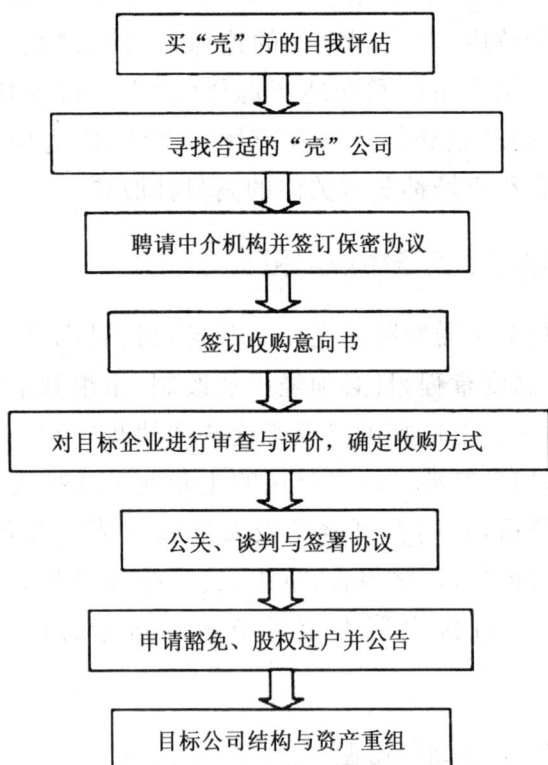

```
┌─────────────────────┐
│   买"壳"方的自我评估   │
└─────────────────────┘
          ↓
┌─────────────────────┐
│    寻找合适的"壳"公司   │
└─────────────────────┘
          ↓
┌─────────────────────┐
│  聘请中介机构并签订保密协议 │
└─────────────────────┘
          ↓
┌─────────────────────┐
│     签订收购意向书      │
└─────────────────────┘
          ↓
┌───────────────────────────┐
│ 对目标企业进行审查与评价,确定收购方式 │
└───────────────────────────┘
          ↓
┌─────────────────────┐
│   公关、谈判与签署协议   │
└─────────────────────┘
          ↓
┌─────────────────────┐
│  申请豁免、股权过户并公告 │
└─────────────────────┘
          ↓
┌─────────────────────┐
│  目标公司结构与资产重组  │
└─────────────────────┘
```

图 7-4　买"壳"上市的具体步骤

三、目标"壳"公司的选择

"壳"公司的选择以及买"壳"上市的运作成为企业家极为关

注的问题。不同的政策环境和收购动机会影响到选择"壳"目标公司的标准。在现实中,很多企业在买"壳"成功之后,最终却黯然退出,这在很大程度上是因为它们没有买到合适的"壳"。例如,在千禧年之交名流投资入主幸福实业,但是幸福实业并不真正幸福,并于 2002 年因连续 3 年亏损被暂停上市。名流投资买"壳"上市失败的一个很重要原因在于在买"壳"前对幸福实业的分析不够深入。其实,名流投资耗费巨资买回的"壳"是一个早已被原来的大股东幸福集团掏空的壳。那么,应如何选择"壳"呢?我们应从如下几个方面进行综合考虑。

(一)行业前景

尽量选择所处行业与自己企业的发展战略相符的"壳"公司。应注意的是,特定的时期某些特定的行业享有一些特定的待遇。纺织行业购并重组后一年净资产收益率达到 10% 即可享有配股权,就是极为典型的事例。

(二)公司业绩

公司业绩涉及企业对"壳"公司重组的程度。如果企业希望通过买"壳"立即向二级市场融资,那么"壳"公司的业绩就不能太差,因为首次公开发行之后向市场再融资也需要满足一定的要求。

(三)股权结构

在股权分置改革以后,我国的股票市场将实现全流通。在这种环境下,如果"壳"公司的股权结构相对分散,企业通过收购相对少的股份就可以达到相对控股的目的,所耗费的成本也相对少一些。

(四)股本规模

出于降低成本的考虑,企业应该选择股本规模较小的壳"公司,因为如果"壳"公司规模过大,将直接导致需要收购更多的股份才能达到控股的目的,收购成本将会提高。

(五)股票价格

直接影响收购成本的另一个因素是股票价格。高的"壳"公司股票价格将直接增加收购成本,因此企业应选择股票价格适当的"壳"公司。

(六)资产质量

企业应尽量选择资产变现能力强、资产专用程度性低的"壳"公司。

(七)债务较少

虽然有些"壳"公司的资产庞大,但大部分为债务融资,收购这类"壳"公司的直接后果是企业要接管庞大的负债,这无疑是一个沉重的负担。所以,企业要选择负债比例尽量小的"壳"公司。

(八)人员结构

在收购完成之后,人员的安排是收购方和被收购方能否实现协调的关键因素,因此在选择"壳"公司时,企业应尽量选择人员结构简单、人员素质较高的公司。

综上所述,企业决策层在决定买"壳"上市之前,应根据自身的具体情况和条件,全面考虑,权衡利弊,从战略制定到实施都应有周密的计划与充分的准备。一个满意的决策往往只能满足其主要的、关键性的目标而舍去其他次要的目标,不可能满足所有的目标。在现实生活中不存在最优的买"壳"上市方案,"适合自己的才是最好的"。

四、买(借)"壳"上市模式的设计

"壳"资源的利用指的是"壳"的控制权主体对"壳"资源功能

的开发与利用,使之恢复维持上市公司应当具有的融资能力的活动。在实践中,人们把它分为以下两种模式。

(一)"壳"的纯粹出让模式

"壳"的纯粹转移模式是指"壳"的特定控制权主体完全撤回其在上市公司的资产,并将空的"壳"转移到另外一个控制主体(购买"壳"侧)以实现"壳"完全转移,即在实际经济生活中纯粹出售"壳",在一些上市公司的行业中没有发展前景和快速下滑,行业前后缺乏相关性,扩张受到很大限制,或者公司的负债率极高,转型当成本高且成功的概率很小时;上市公司失去了配股的功能或可能失去配股的功能,恢复或维持分配资格极为困难时;或者公司出现持续亏损并面临退市的风险,上市公司的"壳"几乎已经完全失去无形资产的价值。在上述情况下,"壳"的纯传输模式可用于完全撤回原始资产,并且空的"壳"被赋予新的控制主体。这样新的控制权主体可以充分利用"壳"的优势来恢复或维持上市公司的融资功能;同时,它可以通过撤销资产的实现来获得发展基金。

(二)控制权(股权)转让模式

1. 单向控制权转移模式

这种模型是指非上市公司通过收购上市公司控股权而获得控股地位,从而获得对上市公司的控制权。这通常通过在二级市场上获得流通股或通过国有股(或法人股)的协议转让来完成。

2. 上市公司与非上市公司之间双向参股实现"壳"的控制权主体转移模式

一些上市公司所属的行业不太景气,所以其经营状况处于一般水平,对此他们往往希望通过资产重组实现产业和主营业务的转型;而其他非上市公司有更好的行业前景,但公司正处于发展阶段,资产尚未形成规模,在此过程中,这些公司的资金实力不强,但有很大的发展前景,希望通过股票市场寻求发展并筹集资金,同时树立良好的品牌形象,扩大宣传力度。因此,双方为了共同的利益走到了一起,通过互相收购对方的股权,达到"双赢"的目的,如川长征和托普集团的相互控股就是这样的一种模式。

第三节 分拆上市

一、分拆上市的类型

根据分拆前后公司在业务及产业链上的关系,上市公司分拆上市可分为横向分拆上市、纵向分拆上市和混合分拆上市三种类型。

(一)横向分拆上市

横向分拆主要是对母公司同类产业资产或业务进行分离,将这部分资产或业务组建成一个子公司,在股份制改造后进行IPO。横向分拆下,由于存在同性质甚至同属性资产的分拆,上市后的子公司与母公司在很多方面的产权属性上将难以界定,母公司与子公司从事同类生产和经营,不仅不可避免地形成同业竞争关系和非正常关联交易,为上市公司不正当利益输送留下很多空间,从而引发一系列公司治理结构及效率问题。从广义分拆上市概念来看,这种类型与之前未上市公司"部分上市"在逻辑效应上基本一致;而从政策层面而言,仅仅按照"上市公司与发行人不存在同业竞争且出具未来不竞争承诺"的条款,这种横向分拆上市就存在根本性的障碍,当然也不会为资本市场投资者所接受。

(二)纵向分拆上市

纵向分拆主要是对母公司某一行业产业链上相对独立的某个产业链环节资产进行分拆,组成股份有限公司并进行IPO。按照这种分拆类型,分拆后的产业资产并不存在产权属性上的缺失,具备相对独立和完整的生产经营能力,因而不会存在上市后的子公司与母公司之间的同业竞争。但与此同时,由于这些经营性资产存在产业链上下游关系,母子公司之间很难避免关联交易的产生,而且由于大股东控制权下的剩余收益权和剩余索取权优势,要保证这种关联交易的公允性也比较困难,这同样可能给上市公司利益输送留下一些空间,从而引发一系列公司治理结构及效率问题。尽管纵向分拆上市对上市公司治理结构和效率的影响程度不如横向分拆所导致的同业竞争严重,但在政策导向和资本市场支持上同样存在较大障碍。如果要规范关联交易行为达到上市条件,可能又会相对割裂母子公司之间的产业协同效应,降低整个集团公司层面上的总体产业整合能力及资源配置效率。因此,是否需要纵向分拆上市,应该在满足政策法规和市场治理要求前提下,在规范母子公司关联交易的成本与分拆上市带来的收益之间进行权衡。

在境内资本市场,A 股上市公司分拆出 A 股上市公司尚无先例,且从当前监管部门的偏好而言,纵向分拆上市类型可能也存在更大疑虑。但实际上,在境外资本市场纵向分拆上市并不新鲜,典型的例子就是广为投资者所知的纳斯达克上市公司搜狐,该公司在 2009 年分拆旗下从事在线游戏开发和运营的畅游有限公司,并使其在纳斯达克成功挂牌上市。这并不是终结,根据近期有关媒体的报道,刚刚分拆上市不到 4 年的畅游又将旗下的页游公司"第七大道"列入了分拆上市的计划。

(三)混合分拆上市

在混合分拆上市情况下,母公司通常属于业务多元化的大中型企业集团,公司集团内部实际上存在着一个多元化的产业投资组合,这些不同产业之间并不存在明显的经营协同性和产业关联性。母公司将某个独立的产业板块资产进行分拆后,组成股份有限公司并进行 IPO,从而形成混合分拆上市的类型。混合分拆上市后,上市公司产业资产具有完全性质和完整属性的产权,与母公司之间不会形成同业竞争和必然的关联交易,在公司治理结构和效率方面不产生负面效应。根据已有的研究成果,不同行业和产业资产的分拆还可能消除之前存在的负协同效应。同时,混合分拆上市的过程实际上是一个内部资本市场配置模式向外部资本市场配置模式的转移,在配置效率及治理结构上可能带来一些正面的影响,一个大型的多元化上市公司按照不同的独立产业板块安排控股子公司分拆上市已经是非常普遍的现象。

二、分拆上市的途径

根据母子公司分拆动机和业务特点两大主要因素,上市公司分拆上市的途径主要可以划分为 PE(Private Equity,私募股权投资)孵化器模式、业务差异型模式和业务相近型模式三种。

(一)PE 孵化器模式

PE 孵化器模式是目前市场中最广泛被接受的模式之一,所涉及的上市公司基本包含在之前市场所认同的"创投概念"板块之中。从可分拆公司规模而言,该模式的母公司通常参股和控股的上市公司数量较多,在递交分拆上市申请时,其数量上的优势显而易见。

1. PE 孵化器模式的主要优势

与主要特点相对应,由于投资的子公司数量众多,只要政策允许且运作成功,母公司可能分拆出诸多上市子公司,最终演变为一个控股型上市公司。同时,创投类公司往往对行业发展趋势和新兴产业具有非常敏感的嗅觉,通常具有某些产业项目投资的先发优势,从而顺应国家产业政策导向,这有利于分拆上市获批。成功分拆上市后,伴随着数量众多的资产再证券化,存量资本溢价效应和投资收益增长效应将使得母公司价值出现显著增长。

2. PE 孵化器模式的风险因素

在投资动机方面,母公司以孵化器模式的"广撒网"进行产业培育和资本运作，可能存在某些战略投机而非战略投资趋势，因此子公司上市后，其实体产业的可持续发展没有战略性的长期计划。从退出概率的角度来看，由于战略投机的可能性，母公司通常会在上市后设计退出机制。限售期届满后，上市子公司可能面临较大的现金压力，导致股价较大幅度下跌，这种下降带来了一系列负面的金融关系问题。从国内资本市场的经验观察看，"创投概念"栏目中的上市公司股票在初始阶段得到资本市场的广泛认可和追捧，但公司股票价格的二级市场表现更多地反映在分拆上市的概念中，追求最初的"寻宝"和"押宝"阶段；尽管整体的创投指数自 2007 年以来明显领先于同期大盘指数，但其运行趋势也并没有走出相对独立的行情，当然这可能与长期的炒作之下并无实质性的分拆上市政策面支持有关。

(二)业务差异型模式

业务差异模式在一定程度上类似于 PE 孵化器模式，但相对于后者的"广撒网"，它更多的是母公司通过长期的盈利积累，利用自由现金流量集中在某个或少数几个新兴行业进行投资。

在业务差异型模式下，母公司和子公司分处不同的行业，母公司的业务范围多以传统行业为主，而子公司的业务范围则多为新兴行业。

1. 业务差异型模式的主要优势

从监管政策方面，由于母子公司行业差异较大、业务关联度低甚至没有业务关联，因此在同业竞争和关联交易方面的先天优势有利于上市申报获批。同一主体内部分布不同的产业可能存在负协同效应，同时出于市值管理的动机，业务差异型模式下的母公司分拆子公司上市的意愿较为强烈。由于母公司较为单一和专注的大量投资，子公司通常在新兴行业拥有可观的经营规模和行业地位，分拆上市后的业务发展可能好于预期，并且在更大程度上容易受到投资者的青睐和关注。

2. 业务差异型模式的风险因素

新业务的分离可能导致母公司未来业务发展前景不明，母公司在传统行业保留和新兴行业估值方面面临一定的压力。这一因素的存在也可能是当前政策面对境内上市公司分拆子公司到境内资本市场上市的最大顾虑之一。但考虑到分拆上市后对被分拆子公司带来的发展机遇，并且母公司不仅可以通过股权连接分享子公司分拆上市后经营发展所带来的收益，也可以通过股份的流通性获得潜在的变现及再投资能力，因此笔者认为这种担心在很大程度上是多余的。相较于 PE 孵化器模式，业务差异型模式下的分拆上市更多的是母公司满足对某个产业板块培育与发展战略的需要，借以保持一个较为理想的产业投资组合结构。成功进行分拆上市后，母公司将会持续关注和跟踪子公司的发展，这并非简单的"培育—上市—退出"过程。因此，从逻辑上讲，尽管业务差异型模式下的分拆上市在短期资本市场反应上可能与 PE 孵化器模式并没有明显差异，但从中长期的资本市场反应而言，业务差异型模式的持续性可能会显著得多。

(三)业务相近型模式

业务相近型模式主要适用于具备经营与财务实力的母公司，主要利用其新技术优势在产业链上的扩张与延伸过程中所形成的、业务相近的产业链不同环节资产。比如，互联网门户网站搜狐成功分拆旗下在线游戏开发和运营商畅游上市以及畅游拟分拆旗下的页游公司第七大道上市，就是业务相近型模式分拆上市的典型。

1. 业务相近型模式的主要优势

由于母公司的强大行业地位和整体技术实力的支持，分拆上市子公司的核心技术和产品通常比较成熟，行业品牌优势突出。分拆上市后，母公司和子公司的两个资本市场平台可用于帮助母公司和子公司之间建立和整合产业资本,从而形成强大的市场协同效应。同时,母公司和子公司之间存在一定的上下游关系,在避免同行业竞争的前提下,实现整个集团产业链的互补和扩展,能够有效提升市场竞争力。

2. 业务相近型模式的风险因素

在资源整合方面,分拆上市将导致优质子公司资源的剥离,如果在整个经营、管理和技术方面的协同性上未能进行有效整合,分拆上市反而可能导致母公司核心竞争力的减弱。在监管政策方面,由于母子公司之间始终难以避免地存在一定程度的某种产业关联性,若监管层审查认定母子公司存在同业竞争,则将面临上市申请被否决的风险。在估值压力方面,在一个有效性程度不够的资本市场,投资者可能更偏好短期利益,如果分拆子公司上市导致母公司短期盈利能力大幅下降,则母公司股价可能面临市场风险的集中释放,特别是在子公司资产盈利能力明显高于母公司整体资产的情况下。当然,只要分拆上市能够促使子公司盈利能力的进一步提升,上市母公司则可以通过投资收益获取更大回报,因此基于有效资本市场,从中长期而言,母公司可能的短期股价下跌也不足为虑。

第四节　整体上市

一、整体上市的类型

整体上市可分为三种类型:整体重组后的整体上市、借助其控股的上市公司整体上市以及母子公司合并之后的的重新整体上市。

(一)整体重组后整体上市

整体重组后整体上市是一种未上市公司将其主要经营性资

产和业务板块打包进行整体股份制改造,改制为规范的股份有限公司,然后在资本市场上进行 IPO 的上市方式。这一整套的打包、改制、调整上市对象计划,可以是多元化公司的所有运营性产业资产,也可以是独立和相对完整的主导产业部门资产之一,甚至是完整的主导产业部门,具有独立性和相对完整性的产业链资产。整体重组后的整体上市在性质上来说是公司 IPO 行业资产的一种选择,与其他 IPO 程序和流程没有什么不同。随着中国资本市场改革和发展的逐步调控,加上政策导向的鼓励和支持以及公司自身资产证券化的内在需求,"部分上市"已成为过去式,整体重组后的整体上市已成为 IPO 的基本方式。

(二)借助其控股的上市公司整体上市

借助其控股的上市公司整体上市主要包括两种方式:一是上市子公司吸收非上市母公司实现整体上市,二是上市子公司吸收合并非上市母公司及母公司旗下的其他上市子公司实现整体上市。这两种方式在境内资本市场的上市公司整体上市中均有现实案例。

(三)母子公司合并后重新整体上市

母子公司合并后重新整体上市也包括两种方式:一是未上市母公司将其所属上市公司进行吸收合并后,对上市子公司进行注销,母公司重新进行 PO;二是已上市母公司与已上市子公司进行吸收合并,以新的公司进行 PO 或者续存于其中一个上市公司而注销另外一个上市公司。

二、整体上市的实施条件

(一)拟注入上市公司和资产质量的要求

在整体上市前,拟注入的非上市的标的应满足一定的质量要求。它可以通过以下几项指标进行评估和衡量。

(1)资产优良率,它是衡量资产质量的一个非常重要性的综合指标,是良好资产与公司净资产的比率。

(2)偿债能力,公司的这一能力通过流动资产比率、资产负债率、利息倍数和其他指标衡量,所有者权益与再融资资产的比率不得低于30%。

(3)获利能力,应通过资产总回报率(利税前利润与总资产的比率)和净资产收益率等指标来衡量。

(4)股利分配能力,法律要求公司再融资以满足一定的股息分配条件。

(5)运营能力,通过库存周转率、资产(流动资产、总资产)周转率和应收账款周转率等指标来衡量。

(二)母子公司资产的产业关联性要求

在"部分上市"的情况下,原子公司只是与母公司分离的优质资产或行业的一小部分,而且业务相对单一。资产和运营规模小、产业链短,必然导致市场竞争力不足,盈利能力有限。上市子公司可能更加依赖母公司,甚至需要母公司的某些财务支持来满足会计盈余管理要求。整体上市后,母公司注入的资产为上市公司的重组资产和产业链提供了更广阔的空间和上下游资源,这种产业链延伸和资源整合在各方面都产生了显著的协同效应,资本运作将带来资产溢价和股价上涨的双重效益。

(三)大股东资本利得和控制权要求

从整体上市的经济后果分析,在通过向持有注入资产的大股东定向增发实现上市公司整体上市情况下,大股东能够以资产换取股权方式增强对子公司的控股权,同时还可能获益于非上市资产证券化后的资产溢价和股价提升。在控制权和收益双重利益的驱动下,控股股东对通过整体上市实现资产证券化并推动资产和产业链优化重组往往更为积极和更有动力。在向非大股东之外的其他投资者增发股份实现上市公司整体上市的情况下,大股东存量股权依然是最大的潜在资本利得受益者或者损失者,通过优质资产注入实现上市公司存量股份价值最大化同样是大股东的理性选择。

三、整体上市的途径

从实现路径归纳,整体上市主要可分为以下两类模式:增发收购模式、换股吸收合并模式。

(一)增发收购模式

股票增发是一种资本市场再融资方式,也是当前上市公司整体上市采用的最主要融资手段。在增发收购模式下,子公司首先通过股票增发实现融资,然后将融得资金用于收购母公司未上市产业资产,从而完成母公司未上市资产的整体上市。按照股份增发的对象,具体可分为三种。

1. 向持有注入资产的大股东进行定向增发

这种增发仅涉及注入上市公司资产与定向增发股份之间的对价,通常按照资产评估价值与上市公司某段股票市场均价计算该注入资产应换取的上市公司股份数量,最终也就形成了大股东以未上市资产换取上市公司股份,增加了其控制权比例,而上市子公司则出现了资产和所有者权益的同步增加。

2. 向大股东之外的其他特定战略投资者增发股份,然后以增发股份融得的资金收购大股东拟注入上市公司的资产

这种增发在对价计量方面与第一种方式一致,但其中增加了上市公司实质性的现金融资行为,相当于大股东将注入上市公司的资产进行了现金出售而非股份置换,这对上市公司控制权自然也产生了稀释。

3. 向非定向的社会公众投资者公开增发

它仅在信息披露要求、程序和对象上与第一种、第二种类型有所差异，但实际效果及影响与第二种类型相似。当然，增发收购模式也可以采取以上三种类型的混合方式，即以某种比例分别向大股东定向增发、向特定战略投资者定向增发和向社会公众公开增发融资，以现金收购和股权置换同时支付注入上市公司资产的对价。这种混合结构的确定可以根据上市公司股权结构安排的需要来进行。由于公开增发涉及庞大的公开信息披露、披露信息的含量及有用性、信息不对称条件下中小投资者的利益保护等交易成本问题，当前监管政策和导向对定向增发模式予以了更多的优先鼓励与支持。同时，鉴于在我国上市公司中，国有企业还占相当大的比例，管理层基于国有经济占比、结构等方面的考虑，特别是对于关系国计民生和国家战略需要而不能放弃甚至不能稀释控制权的关键行业和领域，更多的是支持上市公司通过向非上市国有产业资产的持有者（大股东）或者其他国有法人定向增发股份实现整体上市。

（1）通过定向增发模式实现上市公司整体上市的优势

通过定向增发模式实现上市公司整体上市的优势主要体现在以下方面。

第一，注入上市公司中的母公司资产，可通过资本市场价值重估产生溢价。非上市资产按原始母公司的历史成本计量，没有资本市场的评估和估值，计量金额难以反映资产或产业链的整体内在价值。在注入上市公司后，资本市场将从质量、利润和增长的角度评估新注入上市子公司的资产的市场价值，资产评估将以静态的历史成本等方式转化为动态市盈率，并从股票价格的变化反映这些资产的价值。同时，整体上市后，之前通常只能以历史成本计量为基础确定资产抵押性再向银行实现间接融资的方式，转化为以证券化后的股票市场价格计量为基础计算资产抵押价值，而上市公司平台也可以实现多种方式的资本市场直接融资而不再局限于间接融资。

第二,实现了上市公司整体上市过程中不存在实质性的现金流出。在母公司定向增发方式的指导下,上市子公司以增发的股票为对价取得母公司的非上市资产,无须支付现金,并从投资活动中产生现金流出。对于母公司来说,在资产换取上市公司的增发股份后,对原始资产仍有控制权,只不过从直接管理控制到间接权益控制,以及这部分资产价值对资本市场的溢价效应,也使母公司从股票和增量股票价格上涨中受益。即便在向其他特定战略投资者定向增发方式下,上市公司也仅是产生了一个现金流量的发生额,现金净流量并未因此发生变化。

第三,无须投入增量资金,这使得中小投资者易于接受。基于特殊股权结构背景和中国资本市场治理结构的改善过程,公开增发长期以来都被市场投资者视为合法的"圈钱"行为,上市公司整体上市是相当于母公司向公众投资者出售,非上市资产可能传达出主要股东对注入资产或以溢价出售不乐观的信号。中小投资者经常选择"用脚投票"来出售股票而不参与增发,这也引发了公司股价的大幅下跌。定向增发是向大股东或者其他特定战略投资者发行股份收购资产的行为,一方面可以传递大股东或者战略投资者认为当前股价被低估(至少是能够接受)的信号,另一方面也传递了大股东或者战略投资者对上市公司以及上市公司整体上市后良好的经营预期信号。这两方面信号的共振,可能推动上市公司股价上涨,进而也为中小投资者带来了资本利得。

(2)通过定向增发模式实现上市公司整体上市的缺点

当然,定向增发模式也可能存在一些问题和缺点,需要在制度设计和政策监管方面予以重视。

第一,财务规范性问题的监管。当前政策对增发中财务方面的规范主要是通过会计师和券商来进行间接的规范,对上市公司缺乏严格直接的规定,这影响了公司的财务规范和发行完成后的后续管理。

第二,中小投资者的知情权和话语权需进一步保障。虽然当前有关政策规定上市公司在定向增发中对中小投资者中的主要持有对象要进行有针对性的披露,但是其他"散户"类投资者难以了解有关的重要信息。

第三,防范注入资产价值可能存在投资泡沫的风险。尽管注入资产价值在进行定向增发前需要经过严格评估,但母公司作为大股东存在高估这部分资产价值的投机主义动机。它希望以较低的价格增加对上市子公司的控制权(在向大股东定向增发的情况下)或者增加出售资产所获得的现金(在向其他战略投资者定向增发及向公众投资者公开增发的情况下)。同时,上市子公司兼有形式上的合并方和实质上的被控制方双重身份,这有可能使大股东以形式上的被合并方和实质上的最终控制者身份人为操纵注入资产的估值和报价,从而侵害中小投资者的利益。

第四,防范整体上市后股权结构可能不符合上市要求的风险。在定向增发整体上市之后,由于定向增发后股权数额的增加,子公司的控股股东(母公司)的高控股比例会更高,从而改变上市公司的股权结构,这有可能导致社会公众股所占的比例低于《证券法》的最低要求,从而带来退市风险。

(二)换股吸收合并模式

换股吸收合并与针对持有注入资产的大股东进行定向增发较为类似,但前者合并的是股权,后者并购的主要是资产,也可以说是股权。换股吸收合并是新发行股份与合并公司股东持有的股份进行交换,从而实现合并吸收并购的资本运作方式。股权交换后,合并公司的原股份和法人资格将被取消,合并后公司的原股东成为合并方公司的新股东。这种模式一般不会带来可观的融资安排和资金压力。相比之下,市场的开放程度和公平程度高于定向增发,并且与重新发行 IPO 的复杂冗长方式相比,这种模式流畅且快捷。

1. 换股吸收合并实现上市公司整体上市的优点

通过换股吸收合并实现上市公司整体上市的优点主要表现

如下。

(1)成本低、效率高,性价比较好

具有相同或相近产业、良好资产质量和良好前景的上市公司和其他上市公司可以通过实施股权互换来实现互补和协调发展的优势。在资本市场中,基于市场状况的估值和评估,换股合并的实施相对透明和简单,这也为一些上市公司提供了低成本扩张的历史机遇。

(2)不带来资金的融资压力

换股吸收合并是两个或两个以上公司的股份,按照协议或评估价格以一定的比例进行交换,它只涉及股权的吸收和整合,没有实际的购买和销售,因此不涉及现金支付和现金流量问题,但这可以避免现金合并产生的巨额交易成本,这有利于业务运营的稳定性。吸收合并实现整体上市后,之前分属两个公司主体之间的同业竞争和关联交易问题将不复存在,横向一体化或者纵向一体化的重组,更有利于发挥规模经济效应和巩固行业地位,从而提高上市公司市场竞争优势和盈利能力。

2. 换股吸收合并可能存在的缺点

(1)存在道德风险

换股价格可能不一定反映市场的真实估值,换股的过程相对简便易行但也带来了一些道德风险。由于治理结构上可能存在的一些不完善,在"内部人控制"或控股股东操控下,这将导致换股前后的价格中存在投资泡沫,从而损害其他中小股东的利益。一方面,这一问题会自然受到资本市场治理机制的调控和约束,"用脚投票"式的大比例行使现金选择权完全可能导致换股吸收合并的失败,这是主要利益相关者所不得不顾忌的问题;另一方面,管理层也应建立和完善相应监管措施与政策。

(2)损失"壳"资源价值

换股吸收合并后只能保留一个资本市场的融资平台,损失了另外一个"壳"的资源价值。合并方的上市子公司平台无疑获得了低成本扩张机会,而被合并方的上市子公司平台则被注销而退出资本市场。从我国境内资本市场的现实来讲,IPO 在现在以及较长一段时间内依然会坚持审批制而非核准制,上市公司仍然是一种稀缺资源,存在一定的"壳"价值。

参考文献

[1]刘湘云.创业投融资和资本运作[M].北京:经济科学出版社,2019.

[2]聂莉.融合与资本创新[M].北京:社会科学文献出版社,2019.

[3]陈思进.失序的金融:洞察非理性资本的运作逻辑[M].杭州:浙江大学出版社,2019.

[4]李旭升.一本书搞懂融资常识[M].北京:化学工业出版社,2018.

[5]徐爱农.企业价值评估[M].北京:中国金融出版社,2018.

[6]中伦研究院.资本运作:规则、风险与创新[M].北京:法律出版社,2018.

[7]中国发展出版社编辑部.资本市场运作教程(3版)[M].北京:中国发展出版社,2018.

[8]王颖驰.创业融资:运作方式及财务管理[M].北京:机械工业出版社,2018.

[9]董瑞兴.资产证券化的运作模式研究[M].延吉:延边大学出版社,2018.

[10]董化春,张先应,左政.资本运作的力量[M].北京:经济管理出版社,2018.

[11][美]斯蒂文·L.舒瓦茨著,倪受彬,李晓珊译.结构金融资产证券化基本原则[M].北京:中国法制出版社,2018.

[12]卢明明.PPP项目运作与资产证券化[M].北京:中国铁道出版社,2018.

[13]吴道富.企业融资整体解决方案[M].北京:中国经济出版社,2018.

[14]许象海.中国企业并购的风险研究及案例分析[M].北京:经济日报出版社,2018.

[15]孙晶.创新型企业价值评估研究[M].北京:中国经济出版社,2018.

[16]任铁虎.企业并购重组全流程操作实务[M].北京:中国法制出版社,2018.

[17]胡咏华,李洪.企业上市[M].郑州:河南人民出版社,2018.

[18]葛永盛.资本运作[M].上海:华东理工大学出版社,2017.

[19]胡喆,陈府申.图解资产证券化:法律实务操作要点与难点[M].北京:法律出版社,2017.

[20]孙付华等.企业价值评估及管理[M].北京:中国水利水电出版社,2017.

[21]张先治,池国华.企业价值评估[M].大连:东北财经大学出版社,2017.

[22]张颖慧.企业并购与工作权保障[M].北京:知识产权出版社,2017.

[23]邢会强.资本之道:企业上市规划与战略[M].北京:中国法制出版社,2017.

[24]马瑞清.企业融资与投资[M].北京:中国金融出版社,2017.

[25]蒙丽珍,方芳.创新创业与资本运作[M].沈阳:东北财经大学出版社,2017.

[26]李丽君.资产证券化中的信息不对称问题研究[M].北京:中国金融出版社,2017.

[27]林华.中国资产证券化操作手册(2版)[M].北京:中信出版社,2016.

[28]胡志颖.上市公司一本通[M].广州:广东旅游出版社,2016.

[29]杨宜.中小企业投融资管理[M].北京:北京大学出版

社,2016.

[30]严行方.互联网＋融资必读[M].北京:中国纺织出版社,2016.

[31]罗清亮,戴剑.资本运作之道:兼并收购操作实务[M].上海:上海财经大学出版社,2016.

[32]欧阳芳.资本运营理论与实务[M].北京:北京邮电大学出版社,2016.

[33]吴红军.企业环境信息披露研究[M].厦门:厦门大学出版社,2016.

[34]袁碧华.我国公司资本制度改革研究[M].北京:中国政法大学出版社,2016.

[35]俞明轩.企业价值评估[M].北京:高等教育出版社,2016.

[36]张文.资本倍增:资本运作、众筹与新三板上市[M].北京:中国经济出版社,2016.

[37]任缙.企业证券投资行为治理因素及风险控制——基于中国上市公司的分析[M].成都:四川人民出版社,2016.

[38]余红征.中国固定收益业务法律实务——债券和资产证券化[M].厦门:厦门大学出版社,2016.

[39]侯书生,余伯刚.点石成:企业风险投资的运作[M].成都:四川大学出版社,2015.

[40]吴瑕.融资有道:中国中小企业融资操作技巧大全与精品案例解析[M].北京:中国经济出版社,2015.

[41]杨俏文.资本市场运作[M].广州:中山大学出版社,2015.

[42]徐志新.企业改制与破产清单[M].北京:中国民主法制出版社,2015.

[43]张朝元.境外上市融资 中国企业资本市场运作[M].北京:中国金融出版社,2014.

[44]邓涛.资本运作的制动系统:财税法风险管控操作指南[M].上海:立信会计出版社,2014.

[45]雷霆.公司并购重组:原理、实务及疑难问题诠释[M].

北京:中国法制出版社,2014.

[46]颜秉印.证券投资交易原理[M].北京:中国时代经济出版社,2014.

[47]王志力.企业并购整合操作实务[M].广州:广东旅游出版社,2014.

[48]王倩.结构性金融与资产证券化[M].上海:同济大学出版社,2014.

[49]韦明,赵晶琴.一本书读懂金融常识[M].广州:广东经济出版社,2014.

[50]王骥,刘向明,项凯标.掘金场外市场:经济转型浪潮下的资本宴席[M].北京:中国社会出版社,2013.

[51]严洪.上市公司整体上市与分拆上市财务战略研究[M].北京:中国金融出版社,2013.

[52]李智.资产证券化及其风险之化解[M].上海:立信会计出版社,2013.

[53]章洛崧.企业并购与重组[M].北京:企业管理出版社,2013.

[54]郭士英,汤晓华.资本的探索[M].北京:中国经济出版社,2012.

[55]廖文剑.资本的力量:股权投资与企业上市全流程解析[M].北京:中国发展出版社,2012.

[56]葛培健.企业资产证券化操作实务[M].上海:复旦大学出版社,2011.

[57]董胜.大胆突破:中国企业破产成为现实[M].长春:吉林出版集团有限责任公司,2011.

[58]赵立新.上市公司并购重组企业价值评估和定价研究[M].北京:中国金融出版社,2011.

[59]栾甫贵等.企业破产重整价值评估研究[M].上海:立信会计出版社,2011.

[60]许胜锋.困境企业的退出与再生之路:破产清算与重整实务研究[M].北京:人民法院出版社,2011.

［61］何小锋.资本:企业上市［M］.北京:中国发展出版社,2011.

［62］朱思东.反向并购——中国企业在美国的上市融资之道［M］.上海:上海社会科学院出版社,2010.

［63］高峦,刘宗燕.资产证券化研究［M］.天津:天津大学出版社,2009.

［64］张朝元,于波,丁旭.企业上市前改制重组［M］.北京:中国金融出版社,2009.

［65］宋建霞等.企业上市操作实务全程解析［M］.北京:中国纺织出版社,2008.

［66］高广春.资产证券化的结构:形成机理和演变逻辑［M］.北京:中国经济出版社,2008.

［67］肖金泉,刘红林.破产重整:中国企业新的再生之路［M］.上海:上海人民出版社,2007.

［68］陈晋平.麦克上市框架内的股权转移:理论与实证［M］.北京:中国财政经济出版社,2005.

［69］管跃庆等.企业改制上市融资［M］.南宁:广西人民出版社,2004.

［70］李亚.民营企业资本运作［M］.北京:中国方正出版社,2002.

［71］崔德永.我国企业资产证券化政策梳理与监管展望［N］.快资讯,2019-01-24.

［72］左涛.浅谈企业资本运作的风险控制［J］.中国商论,2019(04):38-39.

［73］王鹏.资本运作对企业成长的作用分析［J］.科技经济市场,2018(09):104-105.

［74］宫继安.浅谈新形势下企业资本运作［J］.财会学习,2018(20):200-201.

［75］林洋.德国企业破产重整程序及措施［N］.人民法院报,2018-08-10.

［76］王琮鑫.出售式破产重整制度研究［D］.成都:四川师范大学,2018.

[77]王晨.业绩补偿在并购交易中合并方的会计处理[J].会计之友,2016(15):48-49.

[78]王晨.对赌协议和业绩补偿的会计处理差异分析[J].山西财税,2016(03):41-43.

[79]范扎根,王晨,杜飞彪,毛劢.基于 EVA 模型的并购股东价值实证研究[J].经济问题,2015(12):125-128.

[80]王晨.未实现损益对合并递延所得税的影响调整[J].商业会计,2014(14):10-12.

[81]王晨,李新华.我国制造业上市公司并购市场效应的实证分析[J].山东工商学院学报,2012(01):93-96.

[82]王晨.控股合并后增持股份会计处理的国际比较[J].商业会计,2012(10):26-27.